DDM **DANI DI MAGGIO**

Il Viaggio Interiore

La tua trasformazione attraverso i sette chakra

Contiene audio e video

Tutti i diritti riservati. Non è consentita la riproduzione totale o parziale di quest'opera, né la sua incorporazione in un sistema informatico o la sua trasmissione in qualsiasi forma o mezzo, sia esso elettronico, meccanico, mediante fotocopia, registrazione o altri metodi, senza previa autorizzazione e Scritto dall'autore. La violazione dei suddetti diritti può costituire un reato contro la proprietà intellettuale (art. 270 e seguenti del codice penale).
Il diritto d'autore stimola la creatività, difende la diversità nel campo delle idee e delle conoscenze, promuove la libera espressione e favorisce una cultura vivente. Grazie per aver acquistato un'edizione autorizzata di questo libro e per il rispetto delle leggi sul copyright non riproducendo, scansionando o distribuendo qualsiasi parte di quest'opera con qualsiasi mezzo senza permesso.

Título: Il viaggio interiore
© 2019, Dani Di Maggio

Desktop publishing e design: 2019, Dani Di Maggio

Prima edizione: settembre 2019
ISBN-13: 978-84-18098-28-4

La pubblicazione di quest'opera può essere soggetta a future correzioni ed estensioni dell'autore, nonché alle opinioni ivi espresse.
È vietata la riproduzione totale o parziale di quest'opera con qualsiasi mezzo o procedura, elettronica o meccanica, elaborazione informatica, noleggio o qualsiasi forma di trasferimento di proprietà, nei limiti stabiliti dalla legge e dalle disposizioni legalmente stabilite. l'opera senza autorizzazione scritta dei detentori del copyright.

Questo libro è una guida romanzata alle basi del mio metodo di coaching integrato, un processo grazie al quale potrai ottenere l'equilibrio integrato dei quattro corpi: fisico, mentale, emozionale ed eterico.

Per questo motivo, e perché tu possa vivere questo libro in modo interattivo, nelle sue pagine troverai dei simboli che ti indicano la disponibilità di risorse da ascoltare, guardare o scaricare.

GUARDARE　　ASCOLTARE　　SCARICARE

Ti raccomando l'uso di auricolari per ascoltare gli audio, per una migliore esperienza. Dovrai solo visitare il sito **https://www.danidimaggio.com/viaggio-interiore/** per potervi accedere.

Mi piace dire che tutte le cose nuove che leggiamo o impariamo dobbiamo sperimentarle perché la conoscenza si trasformi in saggezza, e questo è ciò che mi aspetto, che lo provi tu stesso.

Questo libro è una pennellata, un quadro dei molti strumenti che ho imparato a usare per trasformarmi nella mia miglior versione e poter vivere una vita piena. È il mio contributo perché anche tu possa convertire la tua vita in un'opera d'arte, come più ti piace e in modo consapevole.

Spero che questo viaggio ti piaccia.

Si parte!

Dani Di Maggio

È nato in Sicilia e si è laureato in Economia e Management all'Università di Palermo. Oltre a lavorare da molti anni come esperto di marketing per multinazionali come Unilever, Bolton Group e Pernod Ricard, ha deciso di focalizzarsi sulla sua vera missione: aiutare gli altri a raggiungere la consapevolezza e ad esprimere la loro versione migliore.

Autore, coach, imprenditore, esperto di marketing internazionale e creatore del metodo di coaching integrato ispirato ai sette chakra, Dani Di Maggio è, prima di tutto, un viaggiatore interiore.

Come promotore della TransFormAzione (Transito verso la Forma migliore attraverso l'Azione), Dani combina i metodi del coaching tradizionale con tecniche di yoga, teatro, musica, PNL, omega coaching e pratiche energetiche.

Il suo accompagnamento professionale permette di andare incontro ad una profonda presa di coscienza, risvegliare la conoscenza interiore e raggiungere la connessione con l'universo. Tutto il suo pensiero gira intorno alla credenza che siamo Uno e che la felicità è nell'atto del dare e ricevere.

Prologo

Voglio cominciare questa premessa condividendo il mio stato attuale: mi trovo di fronte a un documento di Word e mi sento un vero e proprio privilegiato, perché non si ha tutti i giorni l'opportunità di scrivere il prologo del libro di un tale talento. E questo non potrebbe essere altri che il mio grande amico e neurotrainer Dani Di Maggio.

Questo libro è una fedele rappresentazione del suo autore, un'opera che trasmette in ogni suo messaggio potere, speranza ed entusiasmo, e che permette lo sviluppo dell'essere umano attraverso un viaggio che risveglia la nostra energia interiore per mezzo dei centri energetici (i chakra) e la musica. E, soprattutto, funziona.

Dani ha dato tutto in queste pagine che stai per divorare. In esse troverai una sapiente combinazione di conoscenza ed esperienza di trasformazione, che ti trascinerà in un viaggio verso il tuo io interiore.

Una delle cose che più mi ispirano di Dani è la sua congruenza, e a parer mio questa è la caratteristica più importante per insegnare. Quello che ci racconta non l'ha semplicemente imparato da libri e corsi, ma posso testimoniare che lui stesso ha compiuto il viaggio che ci descrive. La sua vasta e straordinaria esperienza come coach e formatore gli ha permesso di capire come funziona la trasformazione, poiché egli stesso ha vissuto tutto quello che riporta in questo libro.

Dani è un chiaro esempio di fino a che punto possiamo estendere il nostro potere illimitato se teniamo ben allineati i nostri centri energetici. Ma la sua qualità migliore è la passione di aiutare il prossimo con i suoi metodi innovativi che, fra altre cose, comprendono il coaching, il ballo e il canto. Cos'altro posso dire?

Raccomando la lettura di questo libro solo a coloro che cercano qualcosa di più, che vogliono imparare qualcosa di diverso, percepirsi, tirare fuori la versione migliore di sé e affrontare il viaggio della propria vita in grande stile.

Dani, spero che continuerai ad aiutare migliaia di persone con i tuoi metodi e, per favore, considera l'idea di pubblicare altre opere, perché noi persone abbiamo bisogno di guide che ci aiutino a lavorare sul nostro essere tramite un'ottica diversa, come fai tu. E, cosa più importante, grazie infinite per essermi amico e per essere un neurotrainer.

Juan Carlos Castro

Esperto internazionale di formazione
ad alto impatto e vendita on stage
C.E.O. della Escuela Internacional Neurotrainer

Indice

Da dove è nato tutto..... 13

PRIMA PARTE | **L'incontro**. 19
Il primo passo 21

SECONDA PARTE | **Il cammino**. 31
I desideri che si trasformano in realtà 33
Prendere decisioni sane 47
La versione migliore di me. 61
Il viaggio interiore. 69

TERZA PARTE | **Il viaggio di trasformazione**. 91
Primo chakra: il monte Shasta. 93
    AUDIO 1: Fearless 103

Secondo chakra: il lago Titicaca. 115
    Regalo: la tua stella delle relazioni 127

Terzo chakra: il monte Uluru. 129
    AUDIO 2: la visualizzazione "La mia migliore versione" 135
    AUDIO 3: la visualizzazione "Effetto Raikov" 142
    VIDEO 1: la danza di potere 144

Quarto chakra: la città di Glastonbury..........................147

    AUDIO 4: la visualizzazione Io posso, io voglio..............154

Quinto chakra: la Piramide di Cheope..........................163

    AUDIO 5: la canzone "I am God" 172

Sesto chakra: Europa occidentale 175

    AUDIO 6: la composizione "Passeggio per il paradiso" 179

Settimo chakra: il monte Kailash 183

    VIDEO 2: "I cinque tibetani"..................................190

Il ritorno a casa...199

    AUDIO 7: la canzone "I live my dream" 207

Il mistero svelato 211

Da dove è nato tutto...

Ti é capitato alcun momento della tua vita che qualunque cosa facessi non aveva alcuna importanza e ti sentivi disorientato e senza una strada da seguire? Di ritrovarti come Alice nel Paese delle Meraviglie, sopraffatto dagli eventi che si verificavano sul tuo cammino e senza poter dirigere la tua vita? Se è così, allora abbiamo qualcosa in comune.

In effetti la via giusta dipende molto dal luogo che desideri raggiungere, e quando non hai idea di quale sia, allora importa poco che strada prendi. Io mi sono sentito così, perso nei miei pensieri, alla ricerca di maggior chiarezza e consapevolezza, per non ritrovarmi un giorno con la sensazione di sconfitta e senza alcuna possibilità di fare marcia indietro.

La confusione è qualcosa di sottile, subdolo, che ti acceca e qualche volta ti fa credere che questa sia l'unica realtà. Io la vedo un po' come la nebbia, che non ti permette di vedere con chiarezza, ma non appena trovi un modo di uscirne ti chiedi come abbia potuto vivere in una tale oscurità.

Molte volte, per quanto lo vogliamo, non riusciamo a trovare la strada che ci porti lontano dalla nebbia, e abbiamo bisogno di qualcuno che ci mostri un punto di vista diverso dal nostro, per superare i nostri limiti. E questo è proprio quello che è successo a me.

Dopo un grande cambiamento nella mia vita, quando lasciai l'Italia per andare a lavorare in Spagna, quando mi sentivo più perso che mai e lontano dalla mia zona di comfort, conobbi Magdan, un uomo che mi guidò in un viaggio interiore grazie al quale potei svegliarmi e uscire dalla nebbia dell'inconsapevolezza, e riuscire a essere padrone del mio tempo e il creatore dell'opera d'arte che è la mia vita. Fino a quel momento sentivo che la mia vita non aveva preso una direzione chiara e che mancava di significato, quindi avevo bisogno di scoprire il perché, per cominciare una vita nuova, con un proposito e una direzione da seguire. Con lui imparai a rispondere a quelle domande che molto spesso ci impediscono, per paura, di andare avanti, e scoprii che la chiave della felicità non si trovava all'esterno, ma nella parte più profonda di me. Ecco perché conoscermi è stata la prima tappa di questo viaggio verso una vita piena e abbondante che adesso risiede in me.

Come *life coach* ed esperto di sviluppo personale, in questo libro ti procurerò gli strumenti per far sì che il tuo vero Essere - il tuo Io superiore - possa esprimersi e liberarsi da paure e limitazioni, perché permetta a te stesso di credere che esiste qualcosa di più al di là dell'aspetto fisico che ci ingabbia e ci tarpa le ali giorno dopo giorno.

Questo è anche il racconto del mio viaggio interiore attraverso i sette chakra, un viaggio di crescita personale e spirituale che ha posto fine alla foschia che circondava la mia vita. Mi auguro che la sua lettura aiuti anche te a trasformarti.

Io ti accompagnerò lungo questo percorso con esercizi, musica e visualizzazioni che vedrai identificate nel libro da icone secondo la loro natura e alle quali potrai accedere tramite il link alla pagina web **https://www.danidimaggio.com/viaggio-interiore/** Ma soprattutto ti starò accanto, connesso col cuore.

Se sei disposto a cambiare la tua vita per sempre, che il viaggio cominci!

—Magdan, che cos'è il viaggio interiore?

—Il viaggio è lasciare per un po' la tua zona di comfort, è affrontare nuove sfide, è scoprire che ci sono diversi modi di vivere la vita, è smettere per un momento di essere quello di sempre e vedere come ti senti in situazioni diverse. È vivere nuove emozioni e sensazioni che rimangono in te per sempre.
Il viaggio interiore è fare tutto questo dall'interno.

Quando ero piccolo, c'era un sogno che facevo ogni notte. Mi trovavo in una grotta e giocavo con molti altri bambini quando, all'improvviso, una scarica elettrica faceva saltare la luce e ci lasciava al buio. In quel momento sopra di noi appariva la figura di un uomo che ci dava il benvenuto e ci spiegava che era giunto il momento di compiere la nostra missione. Dopo queste parole, scendevano degli angeli e cominciavano a portarsi via tutti i bambini, lasciando me da solo, al buio, a piangere per la paura. Io, spaventatissimo, gridavo più forte che potevo il nome di mia madre. In quell'istante mi svegliavo, finché un giorno decisi di restare fermo in attesa, senza piangere né chiedere aiuto. E quel giorno, dalle ombre, una voce inizio' a declamare frasi sparse:

«In principio era il Verbo».
«Il Verbo è suono».
«Il suono è vibrazione».
«La vibrazione crea la realtà».
«La realtà è un'unica vibrazione di diverse frequenze».
«Le differenti frequenze sono il tutto, e il tutto è l'Uno».
«L'Uno è divino, dunque, tutto è divino».

Quel giorno seppi che sono venuto al mondo per compiere una missione. Avevo solo bisogno di scoprire qual era.

PRIMA PARTE

L'incontro

Il primo passo

Tutto cominciò la mattina del 1° novembre 2012, come se questa data, senza che io lo sapessi, avesse per sempre marcato una linea profonda nel mio destino. Avevo lasciato l'Italia pochi giorni prima per andare a San Sebastián - una città nel nord della Spagna, al confine con la Francia— dove stavo per cominciare una nuova vita. L'azienda multinazionale per la quale lavoravo mi aveva offerto un'opportunità di lavoro molto interessante per quelli come me, che amano vivere nuove avventure: lavorare nell'ambito del marketing internazionale nel settore vinicolo. Mi stavo aprendo a nuove sfide e confrontando con un mondo nuovo, il che significava conoscere nuovi colleghi, imparare una nuova lingua, trovare nuovi amici, nuovi interessi, nuovi maestri di vita e, perché no, nuove passioni. La sfida mi affascinava e intimidiva al tempo stesso, forse perché ero giunto in una terra dove non conoscevo altri che me stesso… e forse nemmeno quello.

Il giorno che uscii dalla mia casa di Milano, dopo aver caricato le valigie in macchina, nel momento in cui chiusi la porta si verificò uno strano fenomeno: la toppa si bloccò e divenne impossibile riaprirla. Era come se stessi chiudendo un lungo capitolo della mia vita per aprirne uno nuovo, così per un momento me ne stetti lì, in piedi, a pensare a come ero arrivato a Milano e a come il mio arrivo in quella città avesse rappresentato un'altra chiusura, con la mia terra di origine: la Sicilia.

Sono nato e cresciuto in quella meravigliosa isola, luogo d'incontro e convivenza di popoli e culture millenarie. La Sicilia è un crogiuolo di civiltà che si insediarono su questa isola del Mediterraneo intorno al 1500 a.C., dove oggi possiamo vedere il passare del tempo attraverso una grande diversità di stili architettonici che risalgono all'epoca della Magna Grecia (quando la Sicilia era una potente colonia), dell'impero romano e di quello arabo-normanno, dell'età barocca... e molti altri. La Sicilia è sempre stata il forziere di un tesoro accumulato nel corso dei secoli. Ricordare la mia terra e le mie origini mi ha fatto rendere conto che crescere circondato da tanta bellezza e tanta magia mi ha permesso di sviluppare una sensibilità per l'estetica che mi accompagna sempre. Mi nutro di bellezza e la cerco in ogni momento, perché penso che sia alimento per la mia anima.

Anche lasciare la mia terra per andare a vivere a Milano fu una grande sfida per me. Fino ad allora, avevo vissuto e studiato all'Università di Palermo e, sebbene avessi sempre fantasticato di formarmi nelle migliori università d'Italia e del mondo e di viaggiare, le condizioni economiche non me l'avevano concesso e avevo dovuto accontentarmi di costruire i miei sogni da casa.

Là, in piedi davanti a quella porta chiusa, mi resi conto che la nostra vita è fatta di tappe che segnano momenti di cambiamento, e che ci sono episodi specifici ai quali non prestiamo molta attenzione, ma che marcano momenti di chiusura e di apertura, dei quali dobbiamo essere consapevoli.

La mia tappa milanese è stata molto ricca e felice, durante la quale ho sviluppato la mia personalità e sono diventato l'uomo che sono oggi. Ero anche cresciuto dal punto di vista professionale lavorando nel marketing per imprese multinazionali, ero andato a vivere da solo in una casa in affitto, gestendo tutto per conto mio e avevo cominciato a scoprire la parte più spirituale del mio essere grazie a corsi di yoga, teatro, danza, meditazione e reiki.

Avvicinarmi al reiki ha portato in me un grande cambiamento. I cinque principi del reiki iniziano con la frase: «Solo per oggi...»:

- «Solo per oggi... smetti di arrabbiarti».
- «Solo per oggi... smetti di preoccuparti».
- «Solo per oggi... sii grato».
- «Solo per oggi... lavora duramente».
- «Solo per oggi... sii gentile con gli esseri viventi».

«Solo per oggi» era diventato il mio mantra, le mie parole magiche, perché tendiamo a procrastinare e a vivere nel passato o nel futuro, mettendo da parte il momento presente. Grazie al reiki avevo imparato che ogni volta che ci proponiamo di fare qualcosa di buono per la nostra vita e ci impegniamo solo per oggi, cambia la nostra prospettiva, perché ci collochiamo immediatamente nel presente e smettiamo di angosciarci pensando che dobbiamo affrontare questa sfida per anni.

Lasciando da parte la mia passione per le attività spirituali e olistiche, la vita frivola di Milano mi affascinava. Era l'altra faccia della medaglia che completava il mio essere. Lavorare per un'azienda di champagne mi aveva permesso di partecipare a feste ed eventi di ogni tipo, e di vivere da vicino il mondo del lusso e della moda che avevo sempre desiderato conoscere e che mi attraeva per il suo modo speciale di creare valore. In quegli anni a Milano avevo ottenuto riconoscimento professionale, e i miei successi nel trasformare l'immagine di un marchio per dargli valore mi erano valsi molta considerazione nel mio settore e un grande orgoglio personale nel vedere i risultati che portavo all'azienda.

A Milano mi trovavo molto bene, con gli anni mi ero formato una grande cerchia di amici, con i quali mi godevo l'affascinante vita culturale della città. Tutto ciò era il mio mondo, ed era quello che ho lasciato dietro quella porta per iniziare la mia nuova avventura. Con l'auto carica e la gran tristezza di lasciare la casa e allontanarmi dai miei amici e da mia sorella Rossana (a cui voglio un bene dell'anima), feci incetta di coraggio e cominciai a guidare verso la mia nuova destinazione: San Sebastián, o Donostia in lingua basca.

Mentre attraversavo la Francia, ebbi la sensazione di trovarmi sospeso in aria, come se mi stessi dirigendo nel vuoto, così feci una sosta a Carcassonne. Molto stanco, giunsi di notte in un hotel e, per via del senso di cambiamento che aveva invaso il mio corpo, non potei dormire granché. La mattina dopo mi svegliai molto presto e camminai fino alla città vecchia, che sembra trasportarti nel Medio Evo. Sentii di viaggiare all'indietro nel tempo, il che aumentò ancora di più la mia sensazione di fluttuare nel vuoto.

Con questa sensazione, ripresi il mio viaggio verso i Paesi Baschi. L'unico pensiero che mi dava conforto era che avrei incontrato Jorge, un collega che avevo conosciuto a un seminario internazionale a Parigi, e che casualmente lavorava a San Sebastián, così senza esitare mi misi in contatto con lui perché mi desse qualche consiglio, e lui si offrì di darmi il benvenuto al mio arrivo per mostrarmi la città.

In realtà la conoscevo già, perché anni prima l'avevo visitata con il mio amico Marco durante la gran festa della "semana grande", e questa città sul mare con i suoi famosi e deliziosi pinchos, festival di teatro, balli e spettacoli nelle strade e fantastici fuochi artificiali tutte le notti mi affascinava.

Il fatto che qualcuno mi stesse aspettando mi consolava e mi faceva sentire di non essere completamente solo e abbandonato. Dopo alcune ore di viaggio, giunsi a San Sebastián, e alla mia nuova vita. Con i ricordi della mia precedente visita che ancora mi volteggiavano in testa, il cielo grigio e il freddo di fine ottobre mi chiusero lo stomaco ancora di più. Mi aspettavo qualche raggio di sole, pur sapendo che il clima di quella zona non è così generoso, ma fortunatamente il sorriso e il caloroso benvenuto di Jorge mi fecero sentire più a mio agio.

Jorge, che aveva sacrificato la sua domenica per darmi il benvenuto, spiegarmi qualcosa sulla città e darmi alcuni consigli, mi accompagnò all'indirizzo della residenza che l'azienda mi aveva riservato. Quando entrammo ci salutò un gentiluomo che ci mostrò l'abitazione: un triste letto individuale che dava su un cortile interno, una cucina condivisa che odorava di spezie orientali e un bagno, anch'esso condiviso, in fondo a un lungo corridoio. Jorge e io ci guardammo sbalorditi e, come se mi stesse leggendo il pensiero, mi disse: «Tu non dormi qui, vero?». Ma era domenica e non avevo altra scelta, il giorno dopo avrei risolto la questione con il responsabile delle Risorse Umane.

Per farmi dimenticare quell'episodio, Jorge mi invitò a passeggiare per il centro e mi portò in qualche bar di riferimento. Gli ero molto grato e devo dire che si è rivelato speciale, generoso, allegro e positivo, e lo ricordo sempre come una persona di buon cuore.

EVENTI IMPREVISTI

La prima notte in quel luogo così triste e sgradevole mi sembrò non finire mai, così quando mi alzai decisi di andare in un bar a prendermi un caffè per poi dirigermi direttamente in azienda. Quando ci siamo salutati, Jorge mi aveva detto che era meglio arrivare presto perché era difficile parcheggiare in zona e che mi avrebbe aspettato alla porta per andare a incontrare il responsabile delle Risorse Umane.

E così fece, mi accompagnò fino all'ufficio e da lì cominciò un tour dell'azienda per fare tutte le presentazioni. Tutti mi accolsero calorosamente e furono molto cordiali. Io, da buon italiano formale, mi presentavo dando la mano, ma con mia sorpresa scoprii che in Spagna le donne, anche se non ti conoscono, ti salutano con due baci. Alla fine ci presi gusto e mi adattai alla cultura locale, tanto che non so quanti baci detti in un solo giorno.

Dopo le presentazioni con tutto il personale mi diressi insieme al direttore delle Risorse Umane verso il centro della città, per occuparci delle formalità del mio contratto, e ne approfittai per manifestargli il mio disappunto per l'abitazione dove mi avevano alloggiato e suggerire che venisse cambiata. Lui si occupò della situazione e mi trovò un albergo molto comodo nel centro della città, quindi mi trasferii quel giorno stesso. La cosa più bella della mia stanza era la presenza di una vasca da bagno, per cui dopo una giornata così intensa la riempii d'acqua calda e schiuma e mi immersi per scaricare tutta la fatica mentale accumulata negli ultimi giorni. L'indomani, siccome era festa, la giornata di Ognissanti, avrei potuto approfittarne per fare un giro nel centro città.

Il mattino seguente, dopo diversi giri per il centro in auto (la prima cosa che notai appena arrivato a San Sebastián era stata quanto fosse difficile trovare parcheggio), avvenne finalmente il miracolo e trovai un posto per lasciare la macchina proprio accanto al "paseo de La Concha". Ed era davvero una festa!

I giorni festivi sono quelli che ti fanno sentire più profondamente la solitudine, perché è come se tutti fossero felici in compagnia dei loro amici e parenti, e quelli che non li hanno vicini sentono ancora di più la loro mancanza. Mi trovavo in un paese straniero, lontano da tutti i miei cari e nel bel mezzo di una festa, e mi consolava solo il fatto di camminare lungo la riva del mare sussurrando parole di speranza al vento, che soffiando mi teneva compagnia.

Dopo mezz'ora passata a camminare silenziosamente osservando la gente per le strade, decisi di recuperare la macchina per tornare in albergo, ma la scena che mi si presentò mi terrorizzò. Il punto dove doveva essere parcheggiata la mia auto era vuoto, e proprio in quel momento qualcun altro che era appena arrivato lo stava occupando. L'allegria della persona che aveva trovato la soluzione al suo problema di parcheggio si scontrò di colpo con il mio grande disappunto di fronte alla sparizione della mia auto.

Mi vennero in mente mille pensieri, ma uno assordante sovrastò tutti gli altri: «Mi hanno rubato la macchina!».

Com'era possibile? Ero praticamente appena arrivato in città e mai mi sarei aspettato di ritrovarmi solo, per strada, con la batteria del cellulare scarica e senza la mia macchina, il mio unico rifugio portato con me dall'Italia caricato di coraggio per la nuova avventura. Com'era possibile che la vita mi giocasse un tiro così meschino in quel momento? E ora che dovevo fare? Che numero potevo chiamare per denunciare il furto?

Tanti pensieri si sovrapponevano l'uno all'altro, avevo i nervi a fior di pelle e l'unica costante era la mia espressione atterrita. Non avevo ancora avuto il tempo di trovare una soluzione quando, improvvisamente, un uomo—che si era accorto che ero perso e confuso— con voce seria e sicura mi disse, in spagnolo: «Hola, ¿todo bien?». Non andava bene proprio niente! Ero talmente sbigottito per l'incidente che riuscivo solo a ripetermi mentalmente «Mi hanno rubato la macchina. Mi hanno rubato la macchina...». Tutto quello che mi ero portato dall'Italia si era dissolto come il vento.

«¿Todo bien?», mi ripetè. E fu in quel momento che mi resi conto che una persona che passava di lì si stava preoccupando per me e che poteva darmi una mano. Lo guardai negli occhi e vidi un uomo molto raffinato che mi osservava con sguardo sereno. «No, signore, mi hanno rubato la macchina», gli dissi nel mio spagnolo scadente.

«Sei sicuro che l'hai parcheggiata in questa via? Si assomigliano un po' tutte e potresti esserti confuso con una vicina». Io ero sicuro che la strada fosse quella giusta, ricordavo il negozio all'angolo, i lavori in corso sull'edificio, tutti i dettagli. Però, per assicurarmene, domandai a una signora che stava aspettando l'autobus e lei mi disse che il carro attrezzi aveva portato via la mia macchina. Le strisce bianche, che in Italia significano parcheggio gratuito, a San Sebastián, se c'è una R, sono i parcheggi riservati ai residenti, per questo il carro attrezzi era venuto a rimuoverla. Questo mi risollevò abbastanza il morale perché, se non altro, non mi avevano rubato la macchina ma l'avevano solo presa in prestito.

L'uomo si offrì di accompagnarmi a piedi al deposito per recuperarla e io accettai con gratitudine. Per strada mi chiese un po' di me, visto che il mio accento gli risultava strano, e io gli raccontai del mio viaggio dall'Italia, della mia nuova vita in quella città e della necessità imminente di trovare un alloggio dove potessi andare a vivere per lasciare l'albergo, che rendeva la mia permanenza in città ancora più fredda e distante. Saltò fuori che uno dei suoi amici aveva un appartamento da affittare che forse poteva interessarmi. Alla fine della camminata, finalmente riuscii a recuperare la macchina; ringraziai l'uomo per la sua gentilezza, lui mi diede il suo nome e il suo numero di telefono e ci salutammo.

La mattina dopo, in albergo, iniziai a ripensare a quello strano incontro. Cercai il numero di quel signore che era stato così gentile con me, con l'intenzione di chiamarlo e poter così contattare il suo amico e chiudere la questione della casa, e a quel punto mi colpí il suo nome: Magdan.

Magdan. Che nome strano! Con il nervosismo della notte precedente non mi ero soffermato a pensare a lui, quell'uomo aveva tratti orientali, i suoi atteggiamenti erano molto diplomatici e, per come mi parlava, sembrava molto colto; per di più, aveva una voce molto coinvolgente e carismatica. Però quello che richiamò subito la mia attenzione furono la tranquillità e la pace che trasmetteva. Magdan riuniva in un mix singolare l'eleganza dell'Occidente con la saggezza dell'Oriente.

Era il 1 novembre del 2012.

SECONDA PARTE

Il cammino

I desideri che si trasformano in realtà

Poco a poco, iniziai ad abituarmi alla mia nuova vita. Tutte le notti, per liberare la tensione accumulata, riempivo la vasca da bagno e mi immergevo nella schiuma profumata, accendevo candele e mettevo della musica rilassante. Parlare tutto il giorno in inglese o in spagnolo —che ancora non padroneggiavo bene— era molto stancante per me, così come abituarmi alle novità: il cibo, le nuove usanze, i nuovi modi di scherzare e il clima così diverso, che era peggiore di quello di Milano.

I Paesi Baschi sono conosciuti per la pioggia e il vento, e questo clima mi rendeva ancora più malinconico e triste nel mio cuore di siciliano. Per fortuna, nei giorni in cui le nuvole non erano abbastanza fitte da coprire il cielo completamente, potevo vedere l'alba dalla finestra della stanza d'albergo. Un altro dei miei momenti preferiti era la colazione, davvero spettacolare. Prendevo sempre un caffè con una porzione di torta Sacher. Un toccasana per l'umore, anche se un po' meno per la mia forma fisica.

Passati alcuni giorni, decisi di chiamare Magdan per saperne di più sull'appartamento di cui mi aveva parlato, volevo mettermi in contatto con il suo amico il prima possibile per risolvere la questione del mio appartamento in affitto. Il mio intuito mi diceva che era proprio ciò che stavo cercando. Avemmo una conversazione abbastanza formale nella quale mi diede il numero del suo amico, che chiamai immediatamente —si rivelò una persona molto amichevole— e mi invitó a vedere il suo appartamento quella stessa mattina.

Quando raggiunsi la proprietà, trovai tutto fantastico: era proprio in centro, in un edificio molto raffinato che ricordava lo stile francese. Ci incontrammo alla porta, salimmo la grande scalinata di legno antico e, quando entrai, mi lasciò di stucco. Un enorme ingresso di parquet conduceva a una sala completamente aperta e decorata con gusto squisito, con un caminetto, due divani e dei finestroni ad angolo con vista sul mare. Due camere da letto, due bagni e una cucina piccola e moderna. Pensavo di sognare! Avevo visto molti appartamenti nei giorni precedenti e tutti erano lontani dal centro o mal ammobiliati, e, soprattutto, erano molto cari. Quell'appartamento sembrava un sogno. E, come se non bastasse, uno dei bagni aveva la vasca, quindi avrei potuto continuare a compiere il mio rituale di purificazione nelle notti in cui avevo bisogno di rigenerarmi. Semplicemente meraviglioso.

—Sono interessato. Lo prendo—gli dissi, con un sorriso che andava da un lato all'altro della faccia.

—Molto bene. Più tardi passeremo in agenzia per il contratto e la cauzione. Congratulazioni!

—Per tutto questo devo ringraziare Magdan.

—Chi? —mi rispose il mio nuovo padrone di casa.

—Magdan, è stato lui a darmi il suo contatto. Se non fosse stato per lui, non avrei avuto l'opportunità di trovare questo appartamento.

—Molto bene. Allora ci vediamo questo pomeriggio in agenzia? —mi rispose senza dare molta importanza alla mia risposta.

—Sì, certo. Grazie mille.

Ero così felice che chiamai subito Magdan per ringraziarlo e invitarlo a prendere un caffè vicino alla "playa de La Concha". Quando ci incontrammo quasi non lo riconobbi. Il giorno in cui ci incontrammo la prima volta era stato piuttosto atipico, e forse per questo non me lo ricordavo bene, o forse la mia mente, inconsapevolmente, aveva cercato di cancellarlo.

Cominciammo a parlare e mi raccontò che non era spagnolo, che era nato in Egitto ma che sin da molto giovane aveva viaggiato in tutto il mondo, cosa che amava perché era un modo per imparare da molte culture. Dalle sue parole capii che la sua cultura non derivava da una formazione molto elaborata, ma che proveniva da qualcosa di molto più profondo, dava l'impressione di aver vissuto molte vite. Mi disse che stava pensando di trasferirsi a Madrid per un pò e di avviare lì la sua attività, quindi colsi l'occasione per chiedergli di mostrarmi luoghi interessanti della mia nuova città. Non mangiò ne bevve niente in nessuno dei luoghi dove andammo e lo trovai molto strano, pensai che doveva seguire una dieta molto stretta perché, da quel che mi aveva detto Jorge, a San Sebastián tutti mangiavano e bevevano continuamente. Forse ero io a dover seguire il suo esempio, per non diventare obeso.

ERRORI E APPRENDIMENTO

Man mano che i giorni passavano, io cominciai ad addentrarmi sempre di più nella dinamica del nuovo lavoro. Ero responsabile del marketing internazionale di una riconosciuta cantina di Logroño e dovevo creare presentazioni e partecipare a conferenze con l'Australia e altri paesi dove fosse richiesto supporto. Inoltre, di tanto in tanto andavo a visitare in situ la produzione, prendevo parte a riunioni e mi occupavo di trovare nuove idee per sviluppare il business, e anche di tutta la parte della comunicazione a livello internazionale.

Essendo nato nel centro della Sicilia, vivere in una città di mare per me era sempre stato un sogno e associavo il mare a un momento di relax o di vacanza, così averlo sempre a vista, poter passeggiare per la spiaggia quando volevo, sentire l'odore del salnitro e perdermi con lo sguardo all'orizzonte erano la cosa migliore che potessi sperare. Parlavo spesso con i miei amici di Milano o con la mia famiglia, ma anche così mi sentivo molto solo. Le relazioni nei Paesi Baschi sono abbastanza formali e non è molto comune stringere nuove amicizie o organizzare viaggi insieme come facevo in Italia. Fa parte della loro cultura uscire e socializzare in un circolo ristretto di tre o quattro amici al massimo (la "cuadrilla"), un gruppo chiuso che non tende a invitare altre persone. Tanto è vero che una volta ho conosciuto una ragazza che, ridendoci su, mi disse che aveva dovuto andare da uno psicologo per via della "cuadrilla", perché non aveva modo di integrarsi e farsi delle amiche. Lei, ovviamente, era straniera proprio come me.

Di tanto in tanto mi vedevo con Magdan, che era quasi il mio unico amico. Un giorno, passeggiando lungo la riva del mare con lui, cominciai a riflettere sulla mia vita a San Sebastián: sentivo che lasciare Milano per andare a vivere in una città dove non conoscevo nessuno e in cui a volte mi sentivo in trappola era stato un errore. Mi mancava tutto ciò che rappresentava la mia vita: le mie sicurezze, i luoghi familiari, le persone a cui volevo più bene... Allora lui cominciò a parlarmi delle credenze che abbiamo, sulla paura e il fatto di commettere errori:

—Diamo molta importanza a ciò che chiamiamo errori. Se solo gli cambiassimo il nome e li chiamassimo apprendimento, tutto cambierebbe. Chi ci ha detto che sbagliare è peccato? Perché abbiamo così tanta paura di fallire? Pensaci. Che succederebbe se cominciassi a ridere dei tuoi errori invece di prendere tutto così sul serio? Questo ti può trasformare in una persona più audace, che non ha paura di agire, più divertente e, naturalmente, più apprezzata. La rigidità è la morte, la flessibilità è vita. Se vuoi migliorare, devi avere il coraggio di agire e fallire, divertirti e imparare ad aggiustare il tiro. Il dolore ti serve per ricordare, perché ti resti bene in mente e non ripeta l'errore, e anche per spingerti ad agire.

»Quando qualcosa è diverso dalle nostre aspettative e non corrisponde a ciò che volevamo, pensiamo sempre che sia un errore, ma a volte è un modo per scoprire che cosa dobbiamo migliorare. Le persone che commettono pochi errori sono quelle che osano meno, quelle che prendono sempre le stesse strade. Se esplori nuove idee, nuove invenzioni, nuovi modi di fare, commetterai errori, perché sono cose diverse da ciò che già conosci. Tuttavia, gli errori devono essere accolti, perché così imparerai e crescerai. Per avere successo bisogna sbagliare, e più lo fai, più successo avrai.

»La paura dell'errore e del fallimento sono stati imposti da coloro che non vogliono che esprimiamo quanto siamo grandi, con l'obiettivo di impedirci di esplorare, crescere e provare qualcosa di buono che possa cambiare la nostra vita e quella degli altri. Tutti coloro che hanno inventato qualcosa hanno fallito varie volte prima di avere successo. Se gli cambi il nome e lo affronti con una risata, l'errore può essere un buon amico e consigliere, bisogna solo guardarlo in faccia e ringraziarlo per averci dato la possibilità di imparare. Come disse un grande scienziato: "Gli errori sono un altro modo di sapere come non devi fare una cosa".

In quel momento compresi che continuare a stare a Milano, vivendo sempre la stessa realtà, non mi avrebbe dato la possibilità di conoscere me stesso in altre situazioni, con nuove sfide e una nuova prospettiva. Non è forse vero che le storie più interessanti sono quelle delle persone che ne hanno passate di tutti i colori prima di riuscire a realizzare qualcosa di buono nella loro vita? Se la vita tranquilla, tutta ordinata e pianificata, non è molto interessante da ascoltare, figurati viverla.

NUTRIRE L'ANIMA

Sebbene si fosse trasferito a Madrid, mantenni i contatti con Magdan. Un giorno mi invitò a passare lì un fine settimana per conoscere la città: sarebbe stato il mio anfitrione, il che mi rese molto felice. Amavo esplorare nuovi luoghi e mi mancava la vita della grande città.

La mia visita a Madrid fu straordinaria. Poiché Magdan sapeva che mi piacevano i massaggi, il buon cibo, l'arte e le mostre, mi organizzò un percorso culturale attraverso la città con esperienze di vario tipo. Fu tutto molto emozionante per me, mi tornò alla mente la mia vita a Milano e sentii la necessità di tornare a vivere quell'atmosfera, quel mondo nel quale potevi provare qualsiasi cosa. Andammo al Museo Reina Sofía per ammirare una mostra di Dalí —uno dei miei artisti preferiti—, dove potei ammirare la creatività e genialità delle sue opere; Magdan ne approfittò per raccontarmi come nacque il personaggio di Dalí:

—Quando nacque Salvador, i suoi genitori credevano che fosse la reincarnazione dell'altro figlio che era morto pochi anni prima a causa di una meningite, così gli diedero lo stesso nome. Crebbe circondato da foto di suo fratello e in un ambiente iperprotettivo perché i suoi genitori temevano di perderlo di nuovo. Quell'esperienza lo segnò tanto che, per esorcizzare la morte, decise di essere eccessivo in tutto e di interpretare quel personaggio che, con il tempo, divenne reale.

Ciò mi fece pensare che, in fondo, noi diventiamo ciò che pensiamo di essere e, a seconda di come reagiamo alle situazioni che si presentano nella nostra vita e agli episodi che si verificano, ci trasformiamo in un'altra persona.

La mostra di Dalí mi piacque tantissimo, e in più scoprii che è nato il 9 maggio, un giorno prima di me, così, ovviamente, eravamo dello stesso segno zodiacale. La sua arte mi affascinava e mi gustai l'esperienza come un bambino a una fiera. Sentivo che la mia anima era soddisfatta. Magdan lo notò e mi disse:

—L'arte è cibo per l'anima. Pensiamo che ci servono alimenti perché il corpo non muoia, e non ci ricordiamo mai che anche l'anima ha bisogno di nutrirsi, ma naturalmente non di cibo. Andare a un concerto del tuo artista preferito, fare un viaggio e vedere cose meravigliose o essere in un ambiente naturale, cosa credi che ti porti? Non ti nutre l'anima? Non ti riempie più di un pasto?

»Un altro ottimo modo di nutrire l'anima sono i libri, che sono un tesoro, perché tutto ciò che ti serve lo puoi trovare lì, devi solo cercarlo. Inoltre, ti aiutano a liberarti di tutti quegli anni di programmazione e ti aprono a nuove prospettive, cambiano il tuo atteggiamento, il tuo modo di pensare e di considerare le persone. Il tuo sguardo si fa più profondo e inizi a vedere quello che prima ti era impossibile. Leggere è un modo per raggiungere la felicità, perché riempie la tua vita di colori e di sapori. È cibo per l'anima, quindi prendi l'abitudine di leggere ogni giorno e fai alla tua anima questo regalo, perché la vita ti ricambi con una visione più chiara e nuova. Oggi, per esempio, hai fatto un grande regalo alla tua anima, e per questo ti senti così bene.

Magdan aveva assolutamente ragione. Quella sera andammo a vedere uno spettacolo a teatro. Io avevo seguito corsi di interpretazione a Milano e uno dei miei sogni era recitare. Una volta dissi a Magdan di questo mio sogno, mezzo per scherzo, e lui mi rispose:

—Beh, già lo fai. La nostra vita è un'opera di teatro. Ciascuno sceglie il ruolo che vuole ricoprire: alcuni interpretano le vittime, altri i carnefici, altri ancora fanno quelli che conoscono le regole e si godono il loro palcoscenico... Tu hai il potere di recitare come preferisci, indipendentemente dagli altri attori, dalla scenografia e dal contesto. Puoi infischiartene persino del ruolo e decidere cosa vuole esprimere la tua anima. Sei libero di crearti il tuo personaggio, e quando la scena si chiuderà, potrai dire che hai fatto quello che volevi davvero fare, senza incolpare nessuno.

Io gli avevo risposto che a molti piace essere attori riconosciuti e avere la fama e l'approvazione del pubblico, ma io non cercavo quello.

—Mi piace vivere emozioni diverse e il teatro mi aiuta in questo senso —gli dissi.

—Sì, hai ragione, a molti piace essere applauditi, sentirsi approvati dagli altri ed essere considerati persone di successo. Non si rendono conto che questo li trasforma in schiavi. Perché se un giorno non avranno più quel supporto e quell'approvazione si sentiranno infelici, faranno tutto ciò che possono per recuperarla e penseranno sempre a quello nella loro vita. Molti attori e artisti ne soffrono. Avere fama è difficile e quando non sei popolare entri in crisi, bisogna esserne consapevoli quando si fa questo tipo di lavoro, per non perdere la testa. Il giorno che farai ciò che ti senti dentro con tutta la tua passione e volontà, senza preoccuparti se gli altri ti approvano o ti rifiutano, ti accompagnano o ti danno le spalle, godendone semplicemente perché stai facendo ciò per cui sei venuto, comprenderai l'importanza di essere libero e fedele alla tua vera missione. Possiamo agire con vittimismo o con responsabilità. La vittima basa la sua vita sulla lamentela, sul fatto che tutto ciò che le succede ha cause esterne, pensa che tutto le rema contro e che se non ottiene i risultati che vuole non è sua responsabilità. La persona responsabile si chiede sempre cosa può fare per migliorare il suo stato, non incolpa, non si lamenta, cerca opzioni e, quando gli succede qualcosa che non percepisce come giusta, si concentra su quello che può imparare da tale situazione. Vivere da vittima ci rovina la mente, il cuore e lo stomaco. Vivere responsabilmente ci rende coraggiosi, meritevoli, più forti e creatori della nostra realtà. Ognuno può scegliersi il ruolo che vuole avere nella sua vita ed esserne il protagonista, poiché, alla fine, sarà il suo film, la sua scelta.

L'opera che andammo a vedere si chiamava "La realtà" e in essa due uomini si chiedevano quale fosse la vera essenza della realtà. Assistendo a quello spettacolo, e dopo aver ascoltato le parole di Magdan, mi resi conto che non esiste una sola realtà, ma solo l'interpretazione di ciò che noi assumiamo come realtà, diversa per ognuno in base a come siamo. A seconda dei nostri paradigmi, convinzioni e pensieri, interpretiamo i fatti e li convertiamo nella nostra realtà. Altrimenti, come si spiegherebbe che la stessa opera teatrale piaccia molto a una persona e per niente a un'altra? Qual è la realtà? Ognuno la interpreta secondo il suo modo di sentire, e non c'è una verità assoluta. Ci sono molti casi di cattiva comunicazione, di non comunicazione o di modi diversi di vedere la vita. Non possiamo perderci nelle interpretazioni di tutti, è meglio impiegare il tempo cercando quella che più ci dà forza e ci rende felici.

Usciti dal teatro andammo a cena al ristorante "La Castafiore", dove i camerieri erano cantanti d'opera, così durante la cena, oltre all'accompagnamento del piano, fummo intrattenuti da bellissimi pezzi di lirica che ci lasciarono senza fiato. L'ambiente era molto intimo e la cucina molto raffinata, peccato che mangiai da solo, perché il mio commensale continuava a non toccare cibo. Gli chiesi la ragione per la quale non mangiava con me e mi raccontò che seguiva una dieta chiamata digiuno intermittente. Magdan mi spiegò che il nostro corpo ha bisogno di riposare e che non possiamo star sempre a mangiare, perché se lo facciamo non gli diamo l'opportunità di ripulirsi da solo, quindi bisogna fare 3 o 4 pasti al giorno concentrati in solo otto ore. Alcuni dei risultati positivi che questa dieta ha sul corpo sono la riduzione del grasso corporeo, effetti antinfiammatori e l'aumento della longevità. Grazie a ciò, quel giorno a Madrid scoprii che non solo è fondamentale nutrire l'anima, ma che bisogna anche imparare a nutrire correttamente il nostro corpo.

DOMINARE LE CREDENZE

La mattina dopo, visto che era domenica, Magdan mi propose di visitare alcune chiese della città. Mentre camminavamo verso una di esse, non esitai a domandargli quale fosse la sua opinione sulla religione e la fede.

—Quello della religione è un tema molto antico. C'è gente a favore di essa e gente contraria, ma bisogna sempre prendere una posizione a riguardo. Da cosa dipendono le nostre credenze religiose? Dalla nostra famiglia, dal nostro ambiente, dai valori che ci sono stati trasmessi...

Proprio in quel momento alcuni sacerdoti stavano entrando in chiesa portando sulle spalle l'immagine di Cristo in croce, e Magdan mi fece pensare a quella scena sotto un altro punto di vista con sole tre parole: «Tu cosa vedi?». Io vedevo degli uomini con i capelli bianchi vestiti da preti che camminavano uno dietro l'altro portando a spalla un crocifisso di metallo. E lui mi rispose: «Quello che vedo io sono uomini infelici con facce serie che portano un simbolo di morte sulle spalle». Mi colpì la sua risposta, perché io avevo sempre provato grande venerazione e rispetto per tutto ciò che quella scena rappresentava.

—Tu pensi che sia giusto venerare un'immagine di sacrificio perché è quello che ti hanno insegnato a fare, ma... credi davvero che Dio desideri creare quel timore, quella paura della morte, e trasformarsi in vittima perché tu ti sottometta alla sua parola?

—A me sembra che, per via delle tue origini egiziane, tu non creda alla religione cattolica. In che religione credi?

—Se estrai una roccia da una montagna, questa resterà sempre parte di essa e manterrà la stessa natura dell'insieme, con l'unica differenza che in apparenza sarà separata. Allo stesso modo tutti gli esseri umani, sebbene appaiano separati gli uni dagli altri, sono parte del divino, dell'Uno. Siamo tutti connessi. La religione dovrebbe riconnettere gli esseri umani fra loro, unirli, far sì che si riuniscano nuovamente come Uno, ma invece quello che fa è separare, creare odio e scontri, e se hai una religione specifica difficilmente accoglierai una persona di un altro credo. Ci sono persino guerre in nome della religione! Quindi per me non c'è religione più potente del credere in te stesso e renderti conto di quanto tu sia meraviglioso e delle potenzialità che ti porti dentro. Dovrai solo crederci e vedrai che avverranno miracoli.

In seguito a quella riflessione decisi di investire molto più tempo nel credere in me stesso e nell'approfondimento di certe tematiche leggendo molto..., perché questo mi avrebbe dato molta più consapevolezza che accettare, senza farmi domande, i dogmi che ci vengono imposti.

Alla fine del meraviglioso fine settimana con Magdan mi sentii triste per dover tornare a San Sebastián. Non sapevo se fosse perché tornavo in una piccola città, perché là non conoscevo molta gente interessante che arricchisse i miei giorni, perché non c'era molta vita culturale come quella a cui ero abituato o perché si avvicinava il periodo natalizio e mi ritrovavo solo, ma qualunque fosse la causa mi sentivo infelice.

Il Natale era il momento di riunirsi in famiglia e con i propri cari, di ritrovare gli affetti, soprattutto per quelli che, come me, vivevano lontano da casa. Non avevo mai conosciuto nessuno della famiglia di Magdan e non sapevo nulla dei suoi affetti. Non mi aveva mai raccontato niente al riguardo e, per questo, con la scusa di augurargli Buon Natale prima di tornare nella mia terra per le vacanze, lo chiamai per chiedergli come avrebbe trascorso le festività natalizie.

—Beh, condividendo la mia allegria interiore con ciò che mi circonda—mi disse.

—E la tua famiglia non ti mancherà? —gli chiesi sfacciatamente, rischiando di toccare un tasto dolente.

—Siamo convinti che le feste siano un'opportunità per stare con la nostra famiglia. In realtà, la nostra famiglia è tutto il mondo che ci circonda. Non si può pensare che un legame di sangue si possa circoscrivere ai soli individui che meritano il tuo affetto. Ci capita spesso di lamentarci di dover passare le feste con persone con cui non abbiamo niente in comune, ma solo perché la tradizione lo richiede ci imponiamo regole che eviteremmo più che volentieri, come per esempio fingere con gli altri e dire a tutti quanto siamo felici in famiglia.

»La realtà è che dobbiamo essere onesti con noi stessi. C'è chi prova gioia nello stare con la propria famiglia, e va bene approfittare di queste festività per riunirsi e condividere. Per queste persone le feste sono solo una scusa, perché in ogni caso anche nel resto dell'anno si radunano senza il bisogno che il calendario li obblighi, e quelle sono le occasioni più magiche che possano esserci.

»D'altro canto ci sono incontri che, se non ci fossero feste segnalate, non avrebbero mai luogo. In questo caso sarebbe bene che tutti si chiedessero: "Come posso trascorrere questo tempo in modo da

essere felice con me stesso e da rendere felice chi mi circonda?".
È opportuno rendersi conto di quanto possa essere effimera una celebrazione e del fatto che puoi vivere momenti di allegria in intimità facendo ciò che più ami, a prescindere dal giorno di festa o no. Ogni giorno può essere una festa se aiutiamo il prossimo e seguiamo la nostra missione con passione e perseveranza. Ascoltare, rispettare e agire in base ai propri sentimenti: questo è vivere, questo è amare, questa è una vera festa.

Le parole di Magdan mi fecero riflettere. Era vero che spesso agiamo per convenzione e che a volte, lasciandoci trascinare dalle circostanze, finiamo per sentirci a disagio e ci ripromettiamo che la prossima volta sarà diverso. In realtà, ci sentiamo così imprigionati nel nostro circolo di credenze e regole che ci risulta più facile cedere che lottare. Io ero uno di quei fortunati che trascorrevano il Natale con la propria famiglia per scelta, sebbene in altre occasioni avevo deciso di viaggiare e fare ciò che sentivo di fare. Quell'anno desideravo più che mai rivederli, la sola cosa che mi disturbava era la presenza di una certa persona che mi avrebbe impedito di godere appieno dell'occasione, così chiesi a Magdan cosa potessi fare per evitare quel problema.

—Le persone ci fanno da specchio. Ci dicono quello che non vogliamo vedere in noi stessi. Approfondire proprio quella parte, e darle un nome, ci darà chiarezza. Per esempio, il fatto che questa persona ti infastidisca non dipende da lei, ti dice semplicemente su cosa devi lavorare. Ti suggerisco un modo divertente di passare queste feste: interagisci con le persone che ti infastidiscono maggiormente. Siediti accanto a quella persona, mostrati nel modo più semplice che puoi, senza muri né pregiudizi: scoprirai cose molto interessanti. Restiamo sempre nella nostra zona di comfort, ci sediamo con la gente che ci fa stare bene, ma questo non ti permette di scoprire nulla di nuovo su di te. Resta sempre fuori dalla tua zona di comfort, e imparerai più di quanto possa immaginare. Al di là delle nostre paure e limitazioni c'è la nostra ricompensa.

E questo è proprio quello che feci quando tornai a casa per Natale. Durante la prima cena organizzata con la mia famiglia mi andai a sedere proprio accanto a quella persona che normalmente mi infastidiva con la sua sola presenza. E avvenne qualcosa di magico: ascoltandola senza giudicare si presentò davanti a me come una persona completamente diversa, con le sue debolezze e prospettive —molto diverse dalle mie—, ma assolutamente degna di rispetto. Anch'io mi aprii, e fu un'ottima connessione. Non smettiamo mai di conoscere le persone che ci circondano. Ora nutro grande rispetto per questa persona e non vedo più i suoi limiti. E, naturalmente, smise di criticarmi. Continua a esprimere le sue idee su di me, ma in modo più affettuoso, e finalmente c'è una connessione fra noi.

I giorni che trascorsi in famiglia, in generale, furono molto tranquilli, mi sembrò quasi che il tempo si fosse fermato. Pensavo solo a godermi il momento, prendermi un caffè con i familiari o gli amici, passeggiare per le strade della città, fare visita ad alcuni parenti o godermi un pasto abbondante per festeggiare. Avevo bisogno di rigenerarmi interiormente e diluire lo stress accumulato per tutto il vissuto degli ultimi tempi. Spesso, dopo mangiato, mi abbandonavo a un sonnellino, ed era come se quel sonno mi facesse recuperare tutta l'energia persa durante l'anno. Ora capisco il letargo di certi animali: quella necessità ristoratrice, in certi momenti dell'anno, di abbassare la guardia, stare con sé stessi e rispettare ciò che il tuo corpo ti chiede. Quello sì che era un vero lusso.

Prendere decisioni sane

Rientrai dalle vacanze e tornai con rinnovata energia alla mia avventura in terra straniera, felice che la vita fosse stata così generosa con me da donarmi questa consapevolezza. Al ritorno a San Sebastián ebbi la fortuna che Magdan si trovasse lì di passaggio e si fermasse per qualche settimana; avevo proprio voglia di vederlo perché chiacchierare con lui mi portava sempre qualcosa di nuovo.

La seconda volta che ci vedemmo mi chiese in che modo prendessi decisioni. In realtà non mi ero mai soffermato a pensare alle vere ragioni dietro le mie scelte, quindi gli rigirai la domanda per sapere cosa pensasse a riguardo.

—Prendiamo decisioni tutti i giorni, ma il più delle volte non ce ne accorgiamo nemmeno, perché il pilota automatico agisce per noi. In effetti, decidere è una parola latina che significa "separare tagliando", il che significa che, ogni volta che prendiamo una decisione quello che facciamo è tagliare le altre opportunità e mantenere solo quella che abbiamo scelto.

Aveva ragione, quello che a me pesava era tagliar via delle opportunità. E se le più importanti fossero proprio quelle che eliminavo? Non sapevo fino a che punto fossi libero di scegliere e quante delle mie decisioni dipendessero dalla mia programmazione interna, cioè, se fosse il mio subconscio a decidere per me. Magdan, come se mi avesse letto nel pensiero, continuò:

—Le decisioni sono influenzate da molti fattori, come le credenze, le esperienze del passato e il giudizio degli altri, la società, l'accettazione, la fiducia in noi stessi... E come prendiamo le decisioni? Prendiamo a riferimento parametri esterni, le esperienze di altre persone, o ci basiamo sul sistema morale ricorrente e, a partire da questo, decidiamo. A volte possiamo anche decidere a priori, ossia, avere la stessa risposta per tutto. Io questa la chiamo la dieta del no. Ti spiego: nell'alimentazione la dieta del no funziona molto bene perché ti rifiuti di introdurre nel tuo corpo tutto ciò che possa farti male o farti ingrassare, quindi è più salutare. Questa dieta si può applicare anche alle relazioni, soprattutto quando sei abituato a dire di sì a tutto, incluso quello che non ti va o ti toglie tempo che potresti usare per cose più importanti, però dici di sì solo perché l'altra persona non ci rimanga male. Anche questo danneggia la tua salute, perché quando svolgi i compiti che ti hanno chiesto nello stesso tempo stai pensando che ne hai lasciati da parte altri che sono più importanti per te e, anche se non vuoi, inizierai a trasmettere energia negativa alla persona che, senza saperlo, ti sta obbligando a farlo. Quindi togliti dalla testa che dire di no sia egoista e comincia a pensare che in realtà è salutare per il tuo corpo e anche per l'altra persona. Il segreto per riuscire a metterlo in pratica è nell'atteggiamento, nella comunicazione: le parole che dici sono importanti quanto la comunicazione non verbale. Il modo in cui dici di no è molto importante, bisogna creare empatia spiegando che capisci la sua richiesta, ma descrivendo quello che comporterebbe nella tua vita —come, per esempio, avere meno tempo per la tua famiglia o per il tuo progetto— e cercando di trovare un'alternativa conveniente per entrambe le parti.

»Per comprendere il tuo processo di decisione è molto utile farsi domande sui valori o le convinzioni relative all'argomento della scelta che dobbiamo fare, finché, poco a poco, non diventa chiaro cosa c'è dietro la tua scelta e il tuo modo di agire, come se fosse un iceberg fatto d'inconscio.

»Va bene informarsi e chiedere opinioni esterne, ma c'è un altro modo per prendere decisioni in modo consapevole perché abbiamo tre cervelli: la mente, il cuore e lo stomaco. Secondo te, qual è il più intelligente?

—La mente —risposi io come se fosse una cosa ovvia.

—Ebbene no, è lo stomaco. Se assumi un alimento dannoso per te, lo stomaco reagisce immediatamente e, senza che tu faccia niente in modo cosciente, comincia a depurare il corpo. Al contrario, la mente non è capace di eliminare i pensieri dannosi che entrano, quindi restano lì per molto tempo, a volte tutta la vita. Abbiamo anche il cuore, che è sincero e ci aiuta a fare le scelte giuste per la nostra vita. Pertanto, quando vuoi prendere una decisione, è importante che ti connetta col tuo cuore, ascolti il tuo stomaco e agisca con la tua mente, così non avrai alcun dubbio sulla scelta da compiere, perché sarà coerente con la tua anima e il tuo essere. Perché questo processo diventi automatico bisogna fare un lavoro di consapevolezza e imparare ad ascoltare.

Trovai tutto ciò illuminante, non avevo mai considerato la questione in questi termini. Ogni volta che dovevo prendere una decisione lo facevo a caso o, semplicemente, restavo nel razionale valutando le possibili conseguenze, e quest'incertezza a volte mi paralizzava. Non avevo mai praticato l'ascolto attivo ed ero sicuro che conoscere un modo per decidere in maniera integrale, e non solo con la mente, avrebbe fatto la differenza da quel giorno in poi.

I SOGNI E I DESIDERI

Mi piaceva un sacco passeggiare con Magdan lungo la riva del mare e chiacchierare mentre camminavamo. Ogni tanto ci fermavamo a contemplare l'oceano in silenzio, erano momenti di profonda connessione, e quel giorno mi resi conto che la magia del mare mi ha sempre fatto sognare, così interruppi la nostra contemplazione e gli chiesi:

—E dimmi, Magdan, che ne pensi dei sogni? Per te esistono i desideri?

—Sì che esistono, Dani, però la maggior parte delle persone non riesce a distinguere se quello che desiderano viene da ciò che la gente vuole per loro o se esce veramente dal loro cuore. La cosa buona è che i sogni sono come motori che ti spingono a lottare e ad andare avanti per raggiungere la meta, quindi, qualunque cosa accada, sono lì e ti caricano di energia. Ma se pensi che non ne sei capace, che è difficile, che il tuo sogno è troppo grande per te, lo sarà, perché tu crei la tua realtà. Solo il fatto di immaginarlo e di visualizzarti mentre lo consegui è sufficiente per darti il coraggio necessario per realizzarlo, altrimenti non riusciresti neanche a immaginarlo. Abbiamo l'obbligo di realizzare i nostri sogni e di prendere decisioni che ci avvicinino alla loro realizzazione. Dobbiamo mettere da parte le scuse che ci portano alla inazione, perché arriverà un momento in cui, osservando la nostra realtà, se non è quella che meritiamo, ci renderà infelici. Quando sei concentrato sul tuo sogno ottieni tutto: abbondanza interiore, finanziaria, ambiente favorevole..., perché sei totalmente connesso e spariscono i dubbi e le paure. Quindi dobbiamo sempre sforzarci di godere della pienezza e dimenticarci di lamentele, scuse e doveri, perché siamo venuti al mondo per stare bene ed essere felici, non per soffrire.

—Da come ne parli tú, sembra tutto facile ma, in poche parole, come si fa?

—Bisogna visualizzare i propri sogni, ma nel modo corretto, sentendo che il desiderio è presente, che è reale. Devi crederci davvero, perché il 90% dipende dall'inconscio, su cui, quindi, bisogna lavorare. Per questo è importante visualizzare i tuoi sogni nel presente, perché altrimenti il tuo cervello non ci crede. Inoltre devi agire come se avessi già realizzato il tuo sogno, perché la mente non distingue fra realtà e fantasia, e quindi qualsiasi cosa in cui crederai sarà reale per te e ti permetterà di vibrare a quel livello. Un altro trucco per visualizzare il tuo sogno in modo corretto è immaginarlo in prima persona, e perché sia ancora più vero devi includere nella visualizzazione anche altre persone.

Dedica molto tempo a questo esercizio, più di un minuto ogni volta, per ottenere una visione chiara e a fuoco, e ripetilo varie volte al giorno, più spesso che puoi. Bisogna lavorare molto duramente per raggiungere i nostri obiettivi. Bisogna fare molto allenamento, ripetere per fissarlo, perché impariamo per ripetizione e per emozione. Devi vibrare in ciò che vuoi, perché è quando il desiderio entra nella mente cosciente e subcosciente che si manifesta. Dobbiamo credere nel potere della visualizzazione, dobbiamo avere fede, però la fede senza azione è morta. È importante avere chiarezza e concentrazione, dunque i passi per realizzare i tuoi sogni sono i seguenti:

- Scegli il tuo sogno.
- Dagli colore, sapore, dettagli...
- Vivilo come se fosse già reale nel tuo presente.
- Sperimenta le sensazioni che ti provoca.
- Fatti un piano dettagliato, con azioni e date.
- Agisci di conseguenza.
- Valuta i risultati.

»L'ultimo passo è importante, perché bisogna controllare tutto per capire se c'è qualcosa da cambiare. Se necessario, fallo, bisogna essere flessibili e permettersi di cambiare opinione. Ti è più chiaro ora?

»Perché il tuo sogno possa realizzarsi devi tenere presenti tre ingredienti fondamentali: volontà, concentrazione e impegno.

E, naturalmente, non dimenticarti di goderti il viaggio, pensare che soffriremo finché non avremo realizzato il nostro sogno è un errore. Il segreto è nel godersi il processo e l'entusiasmo che ci provoca, perché una volta che il sogno si sarà realizzato lascerà spazio a un altro, così vivremo sempre con la voglia di crescere e di raggiungere degli obiettivi. Il segreto del sogno è anche la passione che c'è dietro. Renditi conto di questo e goditela, perché dopo ti accorgerai che il sogno in sé non ti riempiva tanto quanto gli sforzi che hai dovuto compiere per realizzarlo. La bellezza è nel viaggio.

Pensai a quanto diversi possano essere i sogni per ogni persona. Io, per esempio, avevo il sogno di lavorare nel marketing per una grande multinazionale, partecipare a riunioni importanti parlando inglese e dirigere progetti, e per questo mi era ben chiaro che tutti i miei sforzi dovevano essere concentrati in quel senso. Non è stato facile, ho aspettato a lungo prima di riuscirci e ci sono stati momenti di grande frustrazione, quindi per non perdermi d'animo affrontavo con atteggiamento positivo anche i brutti momenti, per poterne ridere il giorno in cui avrei realizzato il mio sogno.

L'ABBONDANZA

—Hai ragione, Magdan, la passione muove il mondo, anche se il sogno della maggior parte delle persone è essere ricchi.

—La ricchezza è sempre stato un tema controverso, ma tutto dipende da come la interpretiamo. C'è chi pensa che sia una cosa negativa, perché per poter essere ricco hai sicuramente dovuto fare qualcosa di brutto, perché è difficile pensare che una sola persona possa guadagnare tanti soldi in maniera etica. Da questa credenza nasce l'idea di respingere —e quasi maledire— tutti coloro che possiedono molto denaro. Anche la religione cattolica potrebbe avere un ruolo in questa visione negativa della ricchezza. Quella frase di Gesù che diceva: «È più facile che un cammello passi per la cruna di un ago, che un ricco entri nel regno di Dio» è stata interpretata come se la ricchezza fosse una cosa brutta, ma è nostro dovere andare oltre le parole e interpretare il messaggio che c'è dietro questa affermazione. Forse Gesù si riferiva alla propensione che i ricchi hanno per i beni materiali e questa frase si potrebbe interpretare come «se sei ricco e sei molto attaccato alle cose che possiedi, ti sarà difficile entrare nel regno dei cieli». Quindi, invece di disprezzare la ricchezza e tutto il buono che può esserci intorno a questa parola, dovremmo lavorare sul nostro attaccamento e cambiare questa interpretazione della ricchezza che ci limita.

»Io preferisco vedere la ricchezza come abbondanza, che è un termine con un significato più ampio e non ha tutta la carica negativa del primo. Abbondanza significa avere tutto ciò di cui hai bisogno e anche di più, per poterlo condividere con gli altri, ma non serve essere milionario per essere abbondante, perciò il significato può essere diverso a seconda della persona. Quindi la prima cosa che devi decidere è che cos'è l'abbondanza per te, per poi approfondire quali sono i blocchi che ti impediscono di ottenerla, scoprire quali credenze devi cambiare per raggiungerla e in quale misura dipendono da te o da ciò che ti circonda, perché tutto quello che ci hanno detto, da piccoli, sul denaro, la ricchezza e il meritare o no una vita di pienezza ha influenzato il nostro subconscio. Una volta che ti sarà chiaro quali sono le tue credenze limitanti, sarà il momento di agire perché la tua situazione attuale possa trasformarsi in abbondanza per te, perché possa ottenere quella sensazione di pace che tutti desideriamo e agisca in modo cosciente, e non spinto dalle necessità. È un lavoro profondo che un buon coach sa guidare per ottenere risultati veri, però ti dico da adesso che non esiste una formula magica per tutti, perché ognuno interpreta il mondo in modo diverso.

Tutto ciò che mi raccontava Magdan risuonava fortemente dentro di me e mi fece pensare all'invidia che la maggior parte della gente prova verso i ricchi. Io stesso avevo percepito quest'invidia degli altri per il mio successo nella vita lavorativa e ciò mi aveva colpito molto, quindi chiesi a Magdan come potessi proteggermi da quell'energia negativa che l'invidia veicola e che ci minaccia.

—Dani, dipende tutto dalla tua percezione. Che succederebbe se cambiassi la parola invidia con ammirazione e pensassi che l'altra persona ti ammira e pensa a te come un modello per crescere? Se è vero, questo sarà positivo perché significherà che tu stai agendo bene, però che succederebbe se non fosse vero? Beh, che il tuo atteggiamento positivo trasformerà l'altra persona, perché questa non potrà avere risentimenti nei tuoi confronti visto che tu la tratti bene, e quindi trasformerà la sua invidia in ammirazione.

L'INTUIZIONE

A me, in realtà, non importava se la gente mi ammirava o mi invidiava, io sapevo che tutti i miei sogni mi venivano dall'anima e avevo sempre voluto essergli fedele senza lasciarmi influenzare dalle opinioni degli altri. Possedere denaro non era fondamentale per me, io sentivo quell'abbondanza di cui mi parlava Magdan in altre cose. Ho sempre seguito il mio istinto, che considero la voce della mia anima e un dono allo stesso tempo, così, approfittando di avere Magdan lì davanti a me, gli chiesi se per lui le intuizioni e l'istinto fossero importanti.

—Dani, la società è basata sulla mente razionale, cerchiamo spiegazioni scientifiche a tutto ciò che succede, e se è qualcosa di strano che la scienza non riesce a spiegare, allora restiamo dubbiosi. Nel corso della nostra vita è la coscienza che deve scegliere cosa faremo perché questa sia piena, e la mente, che è sua servitrice, esegue il piano per arrivare alla meta. Quello che succede è che la servitrice ha preso il comando e decidiamo solo con la mente, la ragione mette costantemente a tacere la nostra coscienza. Per fortuna, oggi sta cominciando una rivoluzione, viviamo in un'epoca in cui l'intuizione sta acquisendo più valore e iniziamo a renderci conto che abbiamo dei doni, quindi non accettiamo così facilmente che l'esterno ci condizioni. Questa è una r-Evoluzione: ci evolviamo verso un modo di vivere più conforme al nostro modo di essere. Giá una volta ti ho detto che basarsi solo sulla ragione non ci porta da nessuna parte e spesso ci lascia con un enorme vuoto interiore. Ora sembra che abbiamo capito che dobbiamo cercare la chiave da qualche altra parte che non sia solo la mente e la ragione, per questo è un buon esercizio prendersi ogni giorno un momento per ascoltare quella voce interiore che ci guida, stare sempre in mezzo al rumore per zittirla è controproducente. Perché rappresenta l'istinto e ci regala solo il meglio da ogni nostra esperienza, quindi, come vedi, è importante.

Dopo quelle parole fui conscio che seguire il mio istinto era la cosa migliore che potessi fare. Era una fortuna poter contare sui saggi consigli di Magdan, e quindi approfittavo di ogni secondo che passavo con lui per chiedergli tutto ciò che mi passava per la testa, piccole sciocchezze incluse. Per esempio, quel giorno dovevo fare un regalo a una cara amica, ma non avevo idea di cosa comprarle, così lo consultai.

—Il miglior regalo è far sì che una persona si senta speciale. Domandati questo: cosa ti piacerebbe ricevere se fossi in lei? Come ti piacerebbe riceverlo? Cosa ti renderebbe più entusiasta? A volte pensiamo a quello che piace a noi senza metterci nei panni dell'altra persona. L'importante è generare entusiasmo. Oggigiorno si ha raramente del tempo da dedicare alle persone care, per questo regalar loro una cena con te, impegnare un'ora del tuo tempo per condividerlo facendo qualcosa che piace a entrambi o passare un fine settimana insieme crea entusiasmo. Ci sono mille cose che si possono regalare, ma ciò che tendiamo a dimenticare è di dedicare del tempo alle persone a cui teniamo, ed è questo che ha valore e che resta più a lungo nella memoria. Viviamo di momenti, di esperienze, pertanto non è il regalo in sé che conta, ma la sensazione e l'emozione che porta riceverlo. Se associ a questo momento un'emozione intensa, questo resterà per sempre con la persona che l'ha vissuto.

Allora mi fu chiaro che, infatti, i regali che avevo apprezzato di più nel corso della mia vita erano quelli che mi avevano toccato il cuore o che mi avevano sorpreso per l'emozione che mi aveva suscitato la persona facendomeli, indipendentemente dal loro valore materiale. Spesso siamo legati agli oggetti per il loro valore sentimentale o anche per quello puramente economico. Questo mi spinse a chiedere a Magdan quale fosse la sua visione dell'attaccamento alle cose materiali, e anche quello che abbiamo verso alcune persone. Ero sicuro che avrebbe avuto qualcosa di interessante da dirmi su questo argomento.

L'ATTACCAMENTO

—L'attaccamento alle cose materiali ti rende schiavo. Il semplice fatto che ciò che possiedi possa scomparire dalla tua vita ti fa vivere in uno stato di allarme e ti riempie di insicurezze per la paura di perderlo. Per esempio, se hai una macchina e te la prendi troppo quando le succede qualcosa —una macchia su un sedile o una riga sulla carrozzeria—, questa situazione è in grado di rovinarti la giornata o di farti arrabbiare. Lo stesso vale se succede qualcosa ai tuoi vestiti preferiti o a un oggetto che hai in casa. Ora ti domando: che succederebbe se ti macchiassi la maglietta che usi per fare le pulizie? Niente. Perché non c'è attaccamento, sai che quell'indumento ti serve per uno scopo, e quando diventa inservibile lo butti. E se facessi lo stesso con tutto ciò che possiedi? Che succederebbe se cominciassi a pensare che tutto ciò che hai è utile, ma senza attaccarti a esso? Allora, se succedesse qualcosa alle tue cose, cosa comporterebbe? Niente, non succederebbe niente. Il messaggio che voglio trasmetterti non è che non devi possedere dei beni materiali, ma di non sviluppare attaccamento ad essi, perché è più importante essere liberi che schiavi delle cose.

Come hai giustamente detto, sentiamo attaccamento anche per le persone. Quando conosci qualcuno, e vuoi che resti con te per sempre, ti stai ancorando alla necessità e alla convinzione di aver bisogno del sostegno di qualcuno e che senza gli altri non sei nessuno. E se ti identifichi solo con il tuo corpo fisico, con i tuoi possedimenti materiali o con le persone che ti circondano, senza tutto questo, non sarai nessuno.

Queste parole continuarono a fluttuarmi in testa, avevo dovuto lavorare sul distacco quando, per la prima volta, lasciai la mia terra, la Sicilia, e più tardi quando me ne andai da Milano, lasciandomi alle spalle tutti i miei affetti. Magdan aveva ragione, dipende da te il sentirti vuoto e bloccarti o sentire la voglia di riempire questo vuoto e aprirti a nuove opportunità.

Magdan probabilmente aveva intuito i miei pensieri, perché continuò subito:

—Dobbiamo godere delle cose e delle persone nel momento presente, senza essere schiavi del pensiero di quanto dureranno o della paura che qualcosa si rovini. Dobbiamo amare le persone senza pretendere che stiano sempre al nostro fianco. Dobbiamo essere grati per le cose che possediamo e sapere che sono al nostro servizio, e non viceversa. La soluzione a questa sensazione è nel distacco, nell'allontanarsi dall'ego, perché ogni volta che ti concentri sul tuo ego ti identifichi con esso, perdi la tua verità e ti senti solo, ti appoggi a chi ti sta intorno e lotti perché gli altri non ti tolgano ciò che senti tuo. Così, più ti allontani dal tuo ego e ti avvicini al concetto dell'Uno, di essere parte di qualcosa di più grande, meno sentirai il potere delle cose e delle persone che ti circondano. Sperimenterai la libertà di godere di ciò che ti circonda e di lasciare che tutto fluisca per essere ciò che deve essere.

»Non dimenticare, inoltre, che c'è anche un altro tipo di attaccamento che ci paralizza: quello spirituale. Perché quando ti attacchi a un santo o a un essere divino, come ad esempio Gesù o Budda, e chiedi loro aiuto o la soluzione ai tuoi problemi, ti metti in questo stato di necessità e di vittima che non ti porta alcun bene. Quindi puoi chiedere, ringraziare per l'ascolto e lasciarti scorrere, ma non devi attaccarti a un essere spirituale perché esaudisca le tue richieste.

»E un ultimo distacco, fra i molti su cui puoi lavorare e che per me è molto importante, è quello che proviamo verso i cattivi pensieri. Concentrarci sulle cose brutte che ci sono successe, sui pensieri negativi o sui problemi che prosciugano le nostre energie è un'abitudine molto comune. Quale potrebbe essere la soluzione? Ti faccio un'altra domanda: hai l'abitudine di conservare la spazzatura per sempre o ogni tanto apri la busta per vedere cosa c'è dentro?

—Certo che no! —gli risposi—. Il solo pensarlo mi fa schifo.

—Ovvio. Però, invece, immagazzinare cattivi pensieri e ritirarli fuori ogni tanto per affondarci dentro, questo lo fai senza timore. Immagina di fare pulizia del tuo passato, dimenticando i pensieri-spazzatura che ti affossano e finire di fare ciò che hai in sospeso da tempo per avere tutte le energie a disposizione per iniziare il tuo progetto di vita. Come ti sentiresti?

Fino a quel momento non mi ero mai fermato a pensare a tutti i tipi di attaccamento che abbiamo, né a come questi ci intralcino e ci limitino. Il più delle volte ci accontentiamo del minimo, e persino quando sogniamo lo facciamo in piccolo perché non ci crediamo capaci di essere grandi, ci hanno inculcato che risplendere è sbagliato, un peccato dell'essere, che significa sentirsi superiori e, pertanto, merita il castigo di Dio. Nel passato questo è stato utile per domare le altre persone attraverso la paura, ma oggi questa paura di essere grandi deve scomparire. «Siamo nati per godere della vita», mi diceva sempre Magdan, ed è vero, siamo venuti al mondo per goderne ed essere felici.

Nella nostra testa la semplice idea dell'abbondanza ci limita, pensiamo che se riceviamo qualcosa è perché l'abbiamo tolto a qualcun altro e non siamo capaci di pensare all'esistenza di risorse infinite, sufficienti per tutti, e il fatto di vivere nell'abbondanza ci appare negativo. Ma possiamo cominciare a cambiare le cose allenandoci e inseguendo sul serio i nostri sogni, dandoci degli obiettivi ambiziosi che ci permettano di sognare in grande perché più in alto punti, maggiore sarà il premio.

Le mie conversazioni con Magdan mi stavano aiutando a sentirmi meglio e a ripulirmi da tante cose che avevo dentro.

La versione migliore di me

I successivi giorni che passammo insieme furono pieni di passeggiate lungo la riva del mare, conditi dalle nostre interminabili chiacchiere che mi alimentavano corpo e anima. Un giorno, molto spontaneamente, gli dissi: «Magdan, ti sono molto grato per tutto quello che stai facendo per me. Ogni giorno che passo con te mi aiuta a essere una versione migliore di me stesso».

Magdan si fece pensieroso e poi, con la sua voce calma, mi rispose:

—Dani, grazie a te per la tua dedizione. Siamo così abituati a ciò che consideriamo la normalità e a vivere sempre la routine, con la scusa che siamo persone semplici che sono soddisfatte con poco, che non alziamo le nostre aspettative nella vita, e tu lo stai facendo. Tutti vogliamo essere normali, come gli altri, e quindi lavoriamo sulle nostre debolezze per equipararci agli altri e non ci concentriamo sullo sviluppare i nostri punti di forza, e questo ci porta ad essere mediocri. Non c'è una cultura dell'eccellenza nella nostra società, il voler migliorare è visto addirittura come presunzione o sentirsi superiori, ma concentrarci su ciò che ci riesce meglio e fare quello che più ci piace ci permette di offrire agli altri qualcosa di davvero speciale. Questo si vede molto chiaramente nell'educazione: una persona che ha il potenziale per diventare un eccellente matematico, perché si pretende che sia anche molto brava in letteratura, geografia o storia? È necessario avere una cultura generale, ma bisogna anche rispettare e canalizzare i nostri talenti nella direzione in cui fluiscono meglio, non credi? Generare frustrazione non serve a niente e a nessuno, impoverisce soltanto la società. Dobbiamo cambiare questo modo di pensare e le nostre abitudini per puntare all'eccellenza, al meglio che possiamo offrire agli altri. E quindi grazie a te, Dani, per voler migliorare.

Al sentire quelle parole mi si disegnò un sorriso sul viso. La verità è che ero deciso a diventare una versione migliore di me stesso e per questo dovevo concentrarmi sui miei punti forti, come mi aveva detto Magdan. In quell'istante, promisi a me stesso che a partire da quel momento mi sarei aspettato dagli altri che ognuno desse il meglio di sé. La verità è che nessuno può fare tutto, ma tutti serviamo a qualcosa, e l'importante è che quel qualcosa sia il meglio che possiamo offrire a coloro che ci circondano, per essere, così, più felici.

Come se mi avesse letto nel pensiero, Magdan continuò:

—Vedrai che il lavoro che stai compiendo su di te ti permetterà di essere più consapevole e di aiutare altre persone che prima erano nella tua stessa situazione, e questo grazie a tutto quello che hai passato e superato con volontà e desiderio. È anche importante che capisca che quando diamo il nostro meglio creiamo un'onda positiva intorno a noi, e quanto più diamo, tanto più riceviamo. Ogni volta che fai qualcosa per qualcun altro riceverai molto di più in cambio, anche se magari non dalla stessa persona. L'universo è grande e molto più saggio di noi. Tenere per te i tuoi doni non ti serve a niente, invece, l'abitudine di dare il meglio fa bene a te e agli altri. Non importa se la tua funzione è quella di pulire i bagni di un ufficio: fallo meglio che puoi e non paragonarti agli altri, ma solo a te stesso. L'importante è l'atteggiamento, è dare il massimo in ogni momento, e se un giorno stai male o non puoi dare il cento percento, dai il meglio che ti è possibile quel giorno. Vivi nella frequenza di volere il meglio per poterlo offrire agli altri.

»Quest'atteggiamento bisogna prenderlo come un allenamento, come se fossi un maratoneta che ogni giorno aggiunge qualche chilometro alla sua preparazione, lavorando sul corpo e sulla mente allo stesso tempo, restando costante. Il risultato finale dipenderà da quello che avrà dato ogni giorno. E ricorda che ogni momento è buono per essere eccellente.

»C'è gente che dice che tutto questo è uno stress, che richiede un sacco di fatica. Guardali: dove sono nella vita? Ti sei mai chiesto perché i milionari continuando a impegnarsi per crescere nonostante non abbiano bisogno di guadagnare di più? La vera ragione è che è un'abitudine salutare, che ti dà energia e ti fa sentire vivo. Quindi, Dani, visualizzati e tieni chiaro in mente come vuoi essere, pianifica e lascia che qualcuno che ha già raggiunto i risultati che desideri ti guidi per facilitarti il cammino. Quando scegli di essere la tua versione migliore, trovi la strada migliore per te, devi solo prendere quella decisione, dopodiché tutto scorre. Se ti concentri sulla meta, non ci sono errori, solo apprendimento. Quindi tieni da conto che lungo il cammino potrebbero cambiare delle cose nella tua vita, per cui dovrai sentirti libero di accettare i cambiamenti, perché avvengono sempre per il meglio.

IL TALENTO E LA MISSIONE.

Ogni parola che Magdan mi diceva mi faceva riflettere. Avevo notato molti cambiamenti in me da quel primo incontro, ma in realtà non sapevo che strada prendere.

—Di cosa ho bisogno per diventare la mia versione migliore? —gli chiesi.

—Metterti al servizio degli altri. Se aiuti gli altri a crearsi una vita più gradevole, loro staranno meglio, saranno grati per i tuoi gesti e faranno il possibile perché anche tu stia bene. Quando aiuti gli altri stai facendo loro del bene, e allo stesso tempo lo stai facendo a te, per questo ogni volta che aiutiamo gli altri ci sentiamo così felici. Stiamo aggiungendo valore e contribuendo a qualsiasi di così magnifico che ci fa sentire grandi. Santa Teresa di Calcutta aiutava instancabilmente i malati perché questo la faceva sentire piena. Quella pienezza è ciò che cerchi. La chiarezza è ciò che più può aiutarti a centrarti e trovare la felicità.

»Sicuramente ti starai chiedendo in che modo tu possa aiutare gli altri. È semplice, hai i tuoi doni, qualcosa che possiedi sin dalla nascita, che ti viene spontaneo e che fai con facilità e naturalezza. Pensaci e poi scegli il modo di farne uso tramite il talento che svilupperai. Questo richiede tempo e costanza, si può migliorare, ma si sceglie col cuore.

—Non mi è chiaro, potresti spiegarmi meglio questa cosa del dono e del talento, per favore?

—Ti faccio un esempio: io posso rendermi conto che a me risulta piuttosto naturale accogliere e prendermi cura delle persone, perché ho il dono della pazienza e dell'attenzione ai dettagli. Ora, ci sono diversi modi in cui potresti usare questo dono, per esempio con i bambini che devono imparare e crescere, o con gli adulti. Per scegliere su cosa canalizzare il nostro dono, dobbiamo chiedere al nostro cuore perché sia qualcosa che vibra sulla nostra stessa frequenza, dopodiché dovremo imparare ed esercitarci per sviluppare quel talento; questo sì che richiede tempo e dedizione. Perciò il dono è nel tuo DNA, nasce con te e sarà sempre lì. Il talento, invece, richiede tempo e risolutezza per essere sviluppato. Chiarisci qual è il tuo dono, scegli come sviluppare il tuo talento e ti sarà chiaro perché sei venuto a questo mondo, cioè, qual è la tua missione, e questa diverrà la tua bussola per il viaggio della vita.

LA PAZIENZA

—Ma quindi, la pazienza sarebbe un dono o un talento?

—Da ciò che mi hai raccontato in altre occasioni, nel tuo caso sarebbe un talento perché non la possiedi di natura, ma hai dovuto lavorarci per compiere la tua missione.

Ancora una volta aveva ragione, infatti, per me il cambiamento da Milano a San Sebastián era stato molto duro. Io, che a Milano seguivo mille corsi, avevo una vita molto notturna, con eventi, feste di moda e design e una costante necessità di sentirmi produttivo e di riempire il mio tempo con delle attività, passai di colpo alle giornate tranquille, quasi solitarie, con passeggiate sulla riva del mare e a contatto con la natura. Anche quando conobbi Magdan mi colpiva che riuscisse a vivere appieno e sentirsi così a suo agio in una città così tranquilla. La risposta di Magdan mi aveva fatto capire che ero venuto in quella città per lavorare sulla mia pazienza. Però perché? A che scopo? In realtà, la pazienza è una gran virtù, ma io chiaramente non l'avevo, non le avevo mai dedicato il tempo necessario, così gli domandai come potessi farmela amica.

—La pazienza è come un infante —molto delicato e prezioso— che ha bisogno di tante attenzioni e dettagli. La pazienza ama il silenzio e i respiri profondi, va sempre al di là della realtà. E se ogni volta che ti prende l'ansia o la fretta la guardi in faccia, lei ti accoglie e ti avvolge in una bolla che ti protegge da quella pressione. È molto dolce e fragile, per questo ha bisogno di molte cure e molta attenzione, perché è facile che scompaia.

A partire da quel momento, ogni volta che mi sentivo nervoso perché qualcosa non andava come volevo, facevo un respiro profondo. Questo insegnamento lo porto sempre con me e ora non importa cosa succede fuori, persino se le cose non vanno come vorrei, perché ho quest'amica fedele che mi accompagna e mi assicura che tutto andrà bene.

L'ETERNA INSODDISFAZIONE

Da quella conversazione sull'aver cura della pazienza erano già passati due anni, e sebbene stessi crescendo a livello professionale, di tanto in tanto andavo a Madrid a saziare la mia sete di cultura, una volta all'anno facevo un viaggio fuori dal continente e mi ero creato una cerchia di amicizie grazie alle lezioni di yoga, crossfit e club sportivi che frequentavo, eppure c'era un'insoddisfazione latente dentro di me.

Dove stavo andando? Volevo fare carriera in un'azienda multinazionale come quella per la quale lavoravo? Volevo sposarmi e avere figli, comprare una casa vicino al mare e invecchiare circondato da nipotini? Volevo vivere per sempre come un impiegato? In che direzione stava andando la mia vita? Ora che avevo molto tempo per pensare, molte domande mi si accalcavano nella mente, e trovavo pace solo quando mi immergevo nella routine del lavoro o nelle cose che avevo da sbrigare.

Poiché sentivo quest'insoddisfazione radicata sempre più a fondo nel mio cuore, cogliendo l'occasione di una delle visite di Magdan a San Sebastián, decisi di armarmi di coraggio e di parlargli del mio stato d'animo. Quel giorno avevamo concordato di incontrarci in una caffetteria con vista sul mare, e dopo andammo a passeggiare. Il mare è una grande fonte d'ispirazione, il che mi aiutò a prepararmi a una conversazione profonda.

—Ci sono giorni in cui la routine del lavoro mi annulla. A Milano mi sentivo molto dinamico, organizzavo eventi di moda o partecipavo a riunioni con diverse agenzie, il che era un continuo stimolo, ma ora passo le giornate davanti a un computer senza un reale contatto con altre persone, creando presentazioni o facendo conferenze con gente che si trova dall'altra parte del mondo. La mia vita professionale è cambiata molto e sento che a volte mi manca la motivazione per andare avanti. Magdan, tu che mi hai aiutato tanto, potresti motivarmi per tornare ad avere la stessa energia che avevo prima?

—Mi dispiace, ma non è possibile motivare una persona da fuori, perché la motivazione è una cosa che viene da dentro. È qualcosa che ti fa sentire vivo e pieno di voglia di portare a compimento i tuoi piani. Quello che invece si può fare da fuori è darti gli strumenti perché trovi quest'energia dentro di te.

»Dani, amico mio, motivare è diverso da animare. Da fuori puoi animare una platea o far gridare la gente, ma la motivazione proviene da dentro e la puoi trovare solo in ciò che ami. È una cosa molto potente che noi tutti abbiamo dentro e possiamo sentire, quindi quello che ti direi è di guardare ciò che ti motivava prima nel tuo lavoro, vedere cos'è cambiato e riflettere su quello che davvero vuoi nella vita. Dopodiché, agisci e vai verso la pienezza, perché altrimenti non avrai mai quell'energia interiore che ti serve a raggiungere i tuoi obiettivi. Inoltre, è importante che, qualsiasi cosa tu decida di intraprendere nella tua vita, prenda l'impegno totale di dare il massimo che puoi, perché questo ti regalerà un'abitudine che ti renderà differente. Puoi essere irresponsabile e seguire un progetto senza molta attenzione, essere responsabile e farlo correttamente, o essere davvero dedito e dare tutto ciò che hai. Solo quest'ultimo ti può portare al successo, il resto non serve. Se devi farlo senza passione né impegno, è meglio che non lo faccia. Ti assicuro che se metti in pratica questo principio ci guadagnerai in salute e prosperità, perché anche se sembra che non importi a nessuno che tu dia il massimo, alla fine lascerai un segno, perché sei stato speciale. E questo non vale solo per un progetto concreto o per un lavoro, dev'essere un'abitudine in tutti gli aspetti della tua vita, devi pensarlo e crederci davvero. L'esperienza è importante perché ti dà una metodologia per progredire, ma le soluzioni per il tuo nuovo lo sono nella tua inventiva. Se guardiamo al futuro con gli occhi del passato non progrediremo mai. È questo fuoco dell'immaginazione che ci mantiene svegli e ci entusiasma, se lo spegniamo potremo dire addio alla nostra evoluzione, perché resterà tutto in stallo. Quindi ringrazia la vita per averti messo davanti una nuova sfida, perché questo significa che sei vivo e che potrai evolvere e creare con l'immaginazione nuovi modi di avere successo e di imparare.

—Grazie per questi strumenti, Magdan, ma quello che sento dentro di me è un'insoddisfazione più profonda. Sento che, nonostante abbia tutto, non è ciò che davvero voglio.

—Quello che tu chiami insoddisfazione è il mezzo che l'anima usa per comunicare con noi. Quando senti che qualcosa non va come vorresti, fermati, pensa e cerca una risposta. In effetti hai tutto ciò che potresti desiderare: salute, un lavoro molto prestigioso, una bella casa con vista sul mare, denaro per viaggiare, giovinezza... La tua anima ti sta dicendo che c'è qualcosa di più che devi conseguire, e a volte a questi segnali diamo risposte sbagliate. Per esempio, potresti pensare che la tua insoddisfazione dipenda dal fatto che non hai una compagna o amici stretti, o dalla tua situazione lavorativa, ma l'unico modo di scoprire la vera ragione è intraprendendo un viaggio interiore.

Il viaggio interiore

Cos'era un viaggio interiore? Mi suonava come qualcosa di mistico o sciamanico. Magdan, anticipando la mia domanda, proseguì:

—Si tratta di intraprendere un viaggio per conoscere chi sei davvero e qual è la tua missione. Spesso viviamo come zombie, agendo meccanicamente, guidati da tutti gli schemi e i preconcetti che abbiamo acquisito nel corso degli anni attraverso la famiglia, i giri di amicizie, le notizie che leggiamo, i commenti al bar... Tutto questo entra nel nostro subconscio, che lo processa e con esso crea il nostro modo di comportarci. La verità è che passiamo la vita reagendo, senza fermarci mai a pensare a cosa vogliamo realmente.

»La maggior parte delle nostre scelte le compie il nostro cervello rettile, che agisce secondo il principio di scarsità: è l'istinto ancestrale di sopravvivenza. Una volta soddisfatte queste necessità, interviene il cervello mammifero, o sistema limbico, che si connette alle nostre emozioni per dar loro una giustificazione utilizzando la neocorteccia, che è la parte più razionale del nostro cervello. Il contesto della nostra vita è cambiato, ma i meccanismi primordiali sono rimasti gli stessi. Compiere un viaggio interiore significa prendere coscienza di tutto ciò che ti succede in qualunque momento e agire di conseguenza, invece di reagire. È anche importante occuparsi del subconscio, che è la parte con il potere decisionale. Se desideri qualcosa consapevolmente e il tuo subconscio non è d'accordo, chi pensi che avrà la meglio? E perché il subconscio non vuole il meglio per noi? Perché siccome non siamo stati attenti a quello che entrava e, poiché lui assorbe tutto, abbiamo immagazzinato un sacco di schemi di ciò che ci è capitato e abbiamo ascoltato. È molto importante fare attenzione a quello che entra nella tua mente e filtrarlo perché il subconscio non ti remi contro, devi farlo diventare il tuo migliore amico parlandogli, e dirgli grazie per far sì che sia tuo complice.

—Sembra molto interessante, però... Come mai non ne ho mai sentito parlare prima? Perché se è così importante non lo fa nessuno?

—La ragione per cui languiamo nell'ignoranza è che il mondo è stato programmato perché i potenti possano soggiogare le moltitudini. Persino quando decidiamo di educare e innalzare il livello culturale delle persone, avviene sempre attraverso dei modelli che non ci permettono di raggiungere un livello di eccellenza in termini di consapevolezza, perché ciò sarebbe un ostacolo per quelli che vogliono comandare. Se la maggioranza della popolazione sapesse del valore di questa pratica, molte cose cadrebbero come un castello di carte. Il modo più semplice di eliminare il pericolo che scopriamo il suo valore è ridicolizzare tutte queste tecniche di crescita spirituale e di risveglio della coscienza che potrebbero portarci a un livello di vibrazione superiore.

»C'è anche un altro motivo per cui compiere un viaggio interiore non è una pratica comune, ed è la difficoltà di affrontarlo, perché lotti contro il nemico più grande che esista: te stesso. Scoprire che, cambiando dentro, cambia tutto, spaventa, perdonarsi e arrivare ad amarsi è una delle cose più difficili al mondo. Compiere un viaggio interiore significa abbandonare l'automatizzazione, andare contro le credenze più comuni per vivere da dentro e non da ciò che la realtà esterna ti suggerisce, per questo motivo poche persone decidono di affrontarlo. Però, una volta terminato il viaggio, non puoi più tornare indietro, è come nel film Matrix, una volta che conosci la verità non puoi barare e tornare ad essere un automa.

»Ti assicuro che questa consapevolezza ti fa vivere in un'altra dimensione, apprezzare ogni momento e godere della vita che desideri in tutta tranquillità. L'unica cosa che può turbarti è dover accettare che gli altri continuino a vivere nell'ignoranza, perché molti non ti capiranno né condivideranno le tue idee. Tuttavia, inconsapevolmente, sapranno che la tua è la strada giusta, perché vivrai secondo la saggezza del tuo essere interiore, e questo sarà evidente per tutti quelli che ignorano le leggi che regolano l'universo.

—E in cosa consiste, esattamente, questo viaggio interiore? Quanto dura? Quando comincia?

—È un viaggio attraverso i sette chakra. Nell'induismo, i chakra sono i centri di energia presenti all'interno di ogni essere umano.
—E all'improvviso Magdan tirò fuori una matita e cominciò a disegnare.

I SETTE CHAKRA

—Il primo chakra —inizio a spiegarmi Magdan mentre disegnava— è situato nel pavimento pelvico e si chiama radice, perché ci connette con la terra e con tutte le energie esistenziali della sopravvivenza. È la base sulla quale è costruito tutto il nostro essere.

»Il secondo chakra si trova sotto l'ombelico ed è legato alle relazioni. È spesso guidato dall'energia sessuale, e se ci pensi, molti dipendono dall'energia del sesso. Freud diceva che tutto ha una finalità sessuale nella nostra vita. Per esempio, se decidiamo di studiare, lo facciamo per trovare un buon lavoro e guadagnare tanto denaro da poter conquistare una compagna che ci piaccia

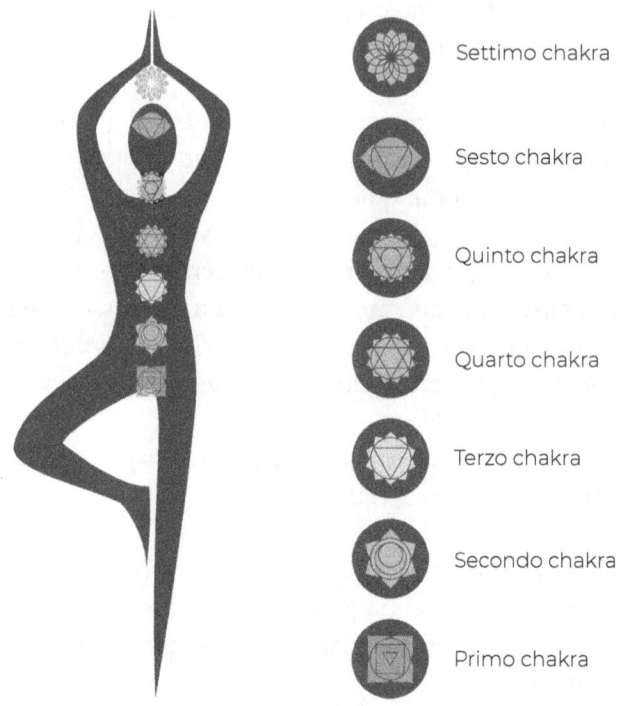

e assicurarci la soddisfazione sessuale. Anche dietro la semplice scelta di una camicia o di un costume da bagno c'è uno scopo sessuale. È vero che l'energia sessuale è una delle più potenti, ma è anche vero che la si può trascendere per connetterla con l'energia più grande dell'universo, che è l'amore.

»Poi abbiamo il terzo chakra, che sta sopra l'ombelico, il plesso solare, il nostro vero potere interiore, la capacità di essere presenti sulla terra e ciò che determina la nostra personalità e il comportamento.

»Salendo troviamo, a livello del cuore, il chakra dell'amore, che è la porta che collega i primi tre chakra —che sono gli elementi fondamentali legati alla nostra dimensione terrena— con i successivi tre chakra, legati al nostro essere spirituale. Quando decidi di andare da qualche parte o di comprare qualcosa e noti che il tuo stomaco si contrae, stai ricevendo un chiaro segnale che stai facendo qualcosa che non è concorde con la tua essenza in quel momento. Il cuore ti guida sempre con sincerità verso la decisione più saggia. Il cervello si deve usare solo per mettere in pratica le decisioni che prendiamo col cuore e che sono state filtrate dallo stomaco. Ovviamente questo non te lo insegna nessuno, ma lo scopriamo solo dopo migliaia di scelte sbagliate nel corso della nostra vita.

»Anche i nostri valori ci guidano e ci aiutano a seguire la nostra strada perché, una volta che hai scelto i tuoi, sono loro a decidere per te, per questo è importante prendersi del tempo per verificare quali siano. Tieni anche presente che non resteranno immutati, ma che cambieranno a seconda della fase che stai vivendo, e per questo è sempre importante ricontrollarli. Decidiamo anche in base al piacere o al dolore che la nostra scelta ci provoca: se qualcosa ti procura piacere la desideri, altrimenti la respingi. Però il dolore può essere un grande amico se ci spinge a realizzare un cambiamento per cercare qualcosa di più piacevole, sebbene il più delle volte le decisioni che prendiamo sono per evitare il dolore più che per procurarci piacere; per esempio, non lascio la mia compagna perché temo il dolore di restare da solo e non penso al piacere di poter stare da solo, o anche a quello di incontrare una compagna migliore. Ci domina la paura del dolore più del sogno del piacere, quindi sapere chiaramente cosa ci provoca piacere e dolore è il primo passo, perché ci libera il cammino.

»Dopo il chakra del cuore passiamo a quello della gola, il quinto, che è quello della comunicazione e rappresenta il modo in cui comunichiamo con noi stessi e con il mondo esterno. Il sesto chakra, anche chiamato terzo occhio, si trova in mezzo agli occhi ed è legato a tutto ciò che è intuito, visione, il modo di vedere il mondo esterno oltre il tangibile, che, a proposito, costituisce solo l'1% di tutto ciò che esiste.

—Non ci credo, Magdan. Davvero vediamo solo l'1 % di quello che realmente esiste?

—Esattamente. Siamo abituati a basarci sui cinque sensi per interpretare la realtà, tuttavia, ci sono fenomeni che sfuggono alla loro interpretazione, e noi cerchiamo comunque spiegazioni ragionevoli per poterli adattare a quello che ci dicono i cinque sensi. Ma ci sono anche altri sensi non sviluppati, come la chiaroveggenza, la chiaroudienza e la telepatia che sono stati ridicolizzati. In realtà ciò che ci circonda è molto più complesso di quanto immaginiamo, perciò è più facile rimanere ignoranti che guardare oltre. Viviamo molte situazioni che non sappiamo spiegarci razionalmente, per esempio quando pensiamo a una persona e poco dopo quella persona ci chiama o quando abbiamo il presentimento di qualcosa, che alla fine accade. Ci hanno educati ad essere creature razionali e pensiamo che tutti questi fenomeni siano coincidenze o casualità, e che la chiaroveggenza, l'intuizione o gli atti spontanei di autoguarigione non esistano. Ti sei mai chiesto perché?

»Immaginati di fare un viaggio nel passato e che regalassimo un telefono cellulare a una persona del Medioevo, credi che potrebbe utilizzare tutto il suo potenziale? Se spiegassi a quella persona che può chiamare a distanza qualsiasi parte del mondo, fare e inviare foto o effettuare videochiamate, ti prenderebbe per pazzo e vorrebbe che gli dimostrassi che quello che dici è possibile. Per dimostrarglielo, tu chiameresti un tuo amico, ma questa persona continuerebbe a non crederti, quindi chiederebbe di chiamare sua madre, ma poiché lei non avrebbe un telefono, non potrebbe rispondergli. Che succederebbe allora? Beh, che questa persona del Medioevo continuerebbe a pensare che sia tutta una menzogna.

»Succede lo stesso con l'intuizione, la chiaroveggenza e la chiaroudienza. Pensiamo che siano sciocchezze perché non possiamo credere che siamo esseri così potenti (è quello che ci fanno credere per farci stare buoni senza disturbare troppo), ma se tutti quanti sapessero di avere questo telefono cellulare e osassero imparare a usarlo nel modo giusto, saremmo tutti connessi e il nostro modo di vivere cambierebbe completamente. Fino a ora tutti questi argomenti erano considerati pura fantasia, cose new age da amanti dei fiori che passano la loro vita fumati, ma oggi la scienza comincia a convalidare tutte queste teorie, e quindi sta cambiando l'atteggiamento della società. Vedi come, quando ci mettiamo la ragione, tutto comincia ad aver senso?

»Infatti è stato scoperto che il nostro DNA possiede funzioni come la telepatia, l'irradiazione e il contatto interdimensionale, e considera che il 90 % del DNA non è stato ancora codificato. Siamo come un grande computer che comunica a distanza. Pensa anche che il biofisico russo e biologo molecolare Pjotr Garjajev e i suoi colleghi hanno avviato delle ricerche allo scopo di studiare questo 90% del DNA ancora sconosciuto, e i risultati sembrano confermare tutto ciò che consideriamo esoterico. Nei loro studi sono giunti a due conclusioni molto interessanti: la prima è che il DNA ha capacità telepatiche ed è possibile riprogrammarlo attraverso la mente e le parole; la seconda è che il nostro DNA è ricettore e trasmettitore di informazioni, al di là del tempo e dello spazio. Un gruppo di scienziati dell'esercito degli Stati Uniti condusse un esperimento per dimostrarlo, cioè raccolse campioni di leucociti di diversi donatori e li isolò in una stanza dotata di un sistema di misurazione delle variazioni elettriche. I donatori furono trasferiti in un'altra stanza dove venivano proiettati dei video che li sottoponevano a diversi stimoli emozionali. Sia i donatori che i loro campioni di DNA furono monitorati, e in seguito all'analisi dei dati si vide che, in termini di onde elettromagnetiche che generavano, c'era una corrispondenza fra la reazione che aveva avuto un donatore e quella del suo campione. Vollero spingersi oltre, quindi separarono i donatori dai campioni a una distanza di ben 80 chilometri e ottennero gli stessi risultati, la stessa reazione alle emozioni, e in modo istantaneo. Così constatarono che la distanza non incide sul processo. È qualcosa che, in fondo, già sapevamo, pensa alla connessione fra due gemelli, che sentono quello che il fratello prova a livello emozionale, anche se sono separati. Come può essere spiegato questo fenomeno? Tutto questo ci conferma che il DNA è una rete come internet, che comunica con il corpo fisico e che possiede qualcosa che potremmo chiamare telepatia interspaziale e interdimensionale, ossia che gli permette di comunicare a distanza, il che conferma la possibilità di fenomeni come la chiaroveggenza, l'intuizione o gli eventi spontanei di auto-guarigione.

»La domanda che ora mi pongo è questa: perché, per dar credito a qualcosa, dobbiamo aspettare che sia corroborata dalla scienza? Perché siamo così schiavi della parte sinistra del cervello, che vuole comprendere tutto con la ragione, quando la parte destra ha una connessione molto più forte con la creatività, e quando il mondo invisibile è molto più straordinario?

»Il team di Garjajev scoprì, inoltre, che il DNA ha un suo proprio linguaggio con una grammatica simile a quella del linguaggio umano, per questo il nostra DNA è influenzato dalle parole emesse dalla mente e dalla voce. Questo significa che, se adeguiamo le frequenze del nostro linguaggio verbale e delle immagini generate dal nostro pensiero, il DNA si riprogramma e accetta un nuovo ordine a partire dall'idea che gli si sta trasmettendo. Infine, una spiegazione scientifica dei benefici del pensiero positivo! Il DNA, in questo caso, riceve le informazioni delle parole e delle immagini che si formano nella mente, e le trasmette a tutte le cellule del corpo, che quindi cominciano ad agire secondo il nuovo schema.

Vedi, Dani, quanto è importante il pensiero positivo e lavorare sulle visualizzazioni per incorrere in questi cambiamenti? E pensa che tutti questi studi sono ancora nella fase iniziale, e si pensa che verranno scoperte molte altre cose interessanti! Per il momento, le conclusioni ci stimolano a continuare con la pratica delle affermazioni positive e a curarci dei nostri pensieri perché ciò che trasmettiamo al nostro DNA (e da lui a tutto il corpo) sia orientato alla salute, al benessere e all'armonia.

»Tutte queste cose che ti racconto devono servirti a riflettere su come potremmo ottenere risultati migliori se riuscissimo a sfruttare tutto il potenziale che abbiamo dentro. Indubbiamente, il primo passo è crederci e poi continuare a studiare e provare con una mente aperta per vedere che risultati possiamo ottenere. Sicuramente ci sentiremo più grandi e speciali di ciò che credevamo, e anche solo per questo ne sarà valsa la pena. La scienza sta certificando quello che già ci dice l'esperienza, e questo aiuta a far sì che a queste tecniche sia dato più credito e che gli scettici vi si avvicinino e possano beneficiare dei loro effetti.

»E per finire abbiamo il settimo chakra, che è la corona e risiede nella parte superiore della testa, la zona che ci collega direttamente con l'universo e con il nostro essere superiore.

—Wow, è davvero un viaggio incredibile. Mi piacerebbe molto intraprenderlo, ma come si fa? Quando si deve cominciare? Bisogna aspettare un determinato momento?

—No, Dani, non c'è un momento preciso per farlo, né un'età o una condizione particolare. Il momento arriva quando senti la chiamata. Quando senti che tutto quello che stai vivendo, bello o brutto che sia, non ti soddisfa e credi che non ti porti dove vuoi andare, quello è il momento giusto per compierlo.

Tutto quello che mi ronzava in testa sulle mie insoddisfazioni e la mancanza di entusiasmo cominciò ad avere un senso, così senza indugiare esclamai:

—Allora, sai cosa? Penso che sia arrivato il mio momento. Perché se mi mancassero il lavoro o i soldi o se vivessi in un posto che non mi piace, mi concentrerei sul raggiungimento degli standard che voglio per la mia vita, ma quando scopri che hai tutto quello che dovrebbe servirti per essere felice e continua a mancarti qualcosa a cui non riesci a dare un nome, e che non è un qualcosa di materiale, credo che non ci sia altro rimedio che guardarti dentro. Quindi sono pronto, dimmi, come posso compiere questo viaggio?

—Sei sicuro di essere davvero pronto? Considera che questa scelta ha conseguenze importanti, come quella di lasciare il tuo vecchio io e aprirti al campo delle nuove possibilità per scoprire le migliaia di identità che ognuno di noi possiede e scegliere la più adatta in questo momento. Questo significa che le persone che ti circondano noteranno questo cambiamento, e devi essere pronto ad accettarlo, prima tu, poi tutti gli altri.

—Sai già che in questo momento mi trovo lontano da tutti quelli che mi conoscono e che i nuovi colleghi sanno a malapena chi sono, quindi posso permettermi il lusso di scegliere di essere ciò che voglio, senza che nessuno si sorprenda. Credo davvero che questo sia il momento ideale. Voglio fare questo salto ora! È arrivato il momento!

—Molto bene. Allora prepara le valigie, fra una settimana ce ne andiamo.

LA PAURA

La frase di Magdan mi lasciò perplesso.

—Come ce ne andiamo? Non è un viaggio interiore? Non si può fare da qui?

—Sì, è un viaggio interiore e si può compiere in qualsiasi luogo, ma non ti ho detto che anche la Terra ha sette chakra sparsi per i diversi continenti, e il modo ideale di trasformare e assorbire quell'energia è lavorare su ogni chakra nel posto dov'è più potente, perché questo ti permetterà di fissare il messaggio a livello cellulare per sempre. Quindi hai una settimana per prepararti, hai già preso la decisione ai tre livelli che conosci, ora devi solo passare all'azione. Ma ti do una settimana di tempo perché possa avvisare tutti, che sicuramente ti richiederà più tempo che elaborare la decisione.

Questo mi spaventa un po'...

—Dani ogni giorno ci sentiamo schiavi delle nostre paure e creiamo nella nostra mente situazioni che le intensificano ancora di più. Se hai paura che ti derubino camminerai per le strade controllandoti costantemente, vibrando con quell'energia, e se passerai vicino a qualcuno che è attratto dalle tue vibrazioni allora ti deruberà, cioè risponderà alle tue aspettative. Ti dico questo perché ti renda conto che questa paura ce la creiamo noi stessi. Invece, se quando vai per strada ti focalizzi sul guardare la gente e vederla come onesta, il tuo corpo avrà un atteggiamento diverso e gli altri ti vedranno sicuro. Dimenticati delle tue paure e concentrati su ciò che ami! Amare la paura è la cosa migliore che puoi fare per te e per le persone che ti circondano.

»Quando abbiamo paura di qualcosa dobbiamo agire per superarla, perché dietro c'è una grande opportunità di comprendere e approfondire la vera causa che nasconde. Per riuscirci, il modo migliore è analizzare le sensazioni che provi quando questa paura si è manifestata in una situazione specifica, come, per esempio, una stretta allo stomaco, un peso sulla schiena..., ognuno ha il suo modo di esprimere la paura. Associare a queste situazioni altre situazioni piacevoli, come giocare con le immagini mentali o con i colori, sono modi per trasformare e liberarci di ciò che ci ostacola e ci impedisce di agire.

—Grazie per il consiglio, Magdan. E quanto durerà questo viaggio? Dovrò prendermi dei giorni di permesso al lavoro.

—Non ha una durata predefinita. Tutto dipende da te, dal tempo che vuoi dedicargli e dal tuo coinvolgimento. Il viaggio può durare una settimana, un mese o tutta la vita.

—Lo capisco, però io devo comunicare i giorni esatti in ufficio, non posso dire che me ne vado per un tempo indefinito. Non posso andare dal mio capo dicendo: «Vado a fare un viaggio interiore e non so quando tornerò».

—Dani, la domanda che devi rivolgerti è se pensi davvero che tornerai a fare quello che stai facendo ora, dopo aver completato il tuo viaggio interiore.

Come sempre, chiuse la conversazione con un sorriso e si allontanò, lasciandomi perso nei miei pensieri e con lo sguardo confuso rivolto al mare. Dove mi aveva portato tutto questo? A un viaggio senza ritorno! A un viaggio di risveglio dopo il quale non sarei più stato lo stesso.

Osservando Magdan avevo sempre percepito la sua saggezza, la sua tranquillità, una sicurezza speciale, e ora capivo da dove proveniva. Era vero quello che mi aveva detto: «Gli altri lo sentono, anche se non ne capiscono l'origine. È un'energia che si irradia da dentro». Quel viaggio significava che avrei imparato a vivere con consapevolezza, e quello era ciò che più desideravo in quel momento, più di una carriera di successo in un'impresa multinazionale, una bella casa, una famiglia o un'auto di lusso. In quel momento quel viaggio era la sola cosa che volevo. Magdan aveva ragione, i miei tre centri avevano già preso la decisione, l'unico passo che mi restava da fare era occuparmi degli aspetti burocratici.

LA DECISIONE

Ricordo ancora quel momento magico, solo con me stesso a guardare il mare, perso nei miei pensieri. Non so per quanto tempo rimasi lì fermo, quasi pietrificato davanti all'idea che quella decisione avrebbe potuto cambiare completamente il corso della mia vita. Questi sono i momenti che segnano il tuo destino, che non ti lasciano indifferente, che ti mettono davanti una nuova realtà.

Mi sorprese non essere agitato, insicuro o timoroso nel compiere quella scelta. La realtà che mi aspettava, per me, era più spaventosa. Mi visualizzai andare al lavoro tutti i giorni, alle riunioni dello staff, a passare ore davanti al computer, realizzando presentazioni o rispondendo alle e-mail; a bere qualcosa la notte con gli amici o restando a casa per leggere qualcosa, guardare un film o uscire per fare una passeggiata sulla spiaggia per finire davanti al mare a chiedermi perché non avevo avuto il coraggio di compiere questo viaggio interiore. In realtà, mi resi conto che quando arriva il momento non devi decidere, devi solo agire, perché dentro di te sai che è la scelta giusta.

Era proprio il contrario di quello che succede quando non abbiamo idea di cosa vogliamo, e ci lasciamo semplicemente trasportare, pensando che dipenda tutto dall'esterno. Come se fossimo su una barca che permette che la corrente la trascini, col desiderio di raggiungere una bella spiaggia, ma rimanendo intrappolati in una zona rocciosa davanti a un precipizio; e quando ci rendiamo conto dello sforzo che richiede raggiungere l'agognata spiaggia, preferiamo rimanere fra le rocce, arrivando persino a trovarle accoglienti, attraenti, perché almeno ci impediscono di cadere nel baratro dell'oblio. Non imbracciamo i remi per dirigerci direttamente verso la destinazione desiderata.

Io avevo deciso di remare e perseguire il mio obiettivo, e sapevo che almeno durante il tragitto avrei imparato cose buone e sarei diventato più saggio e consapevole. La vita consiste nel godersi il viaggio e, anche se la destinazione cambia lungo il cammino, l'importante è essere felici nel frattempo. Io avevo bisogno di prendere in mano i remi della mia vita e correggere la rotta prima di sentirmi vecchio, stanco e insoddisfatto di quello che avevo costruito. Ringraziai e benedissi quel sacro momento nel quale la mia vita prese una svolta diversa: quella che, finalmente, avevo deciso di prendere.

IL SILENZIO

La parte difficile sarebbe durata solo una settimana, avrei dovuto sopportare il peso di abbandonare tutto quello che avevo costruito per guadagnarmi da vivere, con l'obiettivo di recuperare la libertà, guardare avanti e sorridere alla vita con amore. Sapevo che era la cosa migliore che potessi fare per me stesso, così rimasi in silenzio per ascoltarmi.

È importante ritagliare momenti per il silenzio, perché così ci diamo tempo per ascoltarci, chiarirci e poter agire in modo consapevole. L'ideale sarebbe prenderci questo tempo tutti i giorni, e passare, di tanto in tanto, qualche giorno in mezzo alla natura per interrompere il continuo rumore della vita. Non siamo abituati al silenzio: se c'è, accendiamo la TV, mettiamo della musica o ci mettiamo a cantare o a fare rumore. Perché ci spaventa tanto il silenzio? Cosa ci ricorda? Cosa ci dice di noi stessi? Come sarebbe ascoltarlo ogni giorno? Cosa impareremmo da lui? Io lì, in silenzio, appresi che avevo una missione da compiere e che dovevo intraprendere questo viaggio di trasformazione.

Quella notte dormii a malapena. Un mare di pensieri cominciò a brulicarmi nella mente e tutto il mio sistema di convinzioni iniziò a vacillare. Mi vennero in mente tutti i momenti difficili e gli sforzi fatti per arrivare dove mi trovavo: le ore interminabili spese sui libri durante i miei studi universitari, il dolore di lasciare la mia amata Sicilia per andare a vivere a Milano e lavorare nel marketing, la dolorosa rottura con la donna che era stata l'amore della mia vita, ricominciare daccapo in un paese nuovo inseguendo quello che credevo fosse il mio sogno... Stavo per lasciarmi tutto alle spalle!

Anche se non penso di aver dormito più di un paio d'ore, la mattina dopo mi svegliai stranamente rilassato e in pace. Seguii la mia routine, feci colazione, la doccia, scelsi i soliti vestiti e mi incamminai al lavoro. L'unica differenza con i giorni precedenti era che in ogni azione che compievo mettevo tutta la mia attenzione e osservavo me stesso come se fosse la prima volta. Come siamo capaci di ripetere tutti i giorni gli stessi gesti e le stesse azioni senza chiederci niente! Passare sempre per la stessa strada, prendere un caffè prima di entrare al lavoro, nello stesso posto, salutare la stessa gente, percorrere lo stesso tragitto fino alla scrivania...

Tempo fa lessi che il cervello tende a non consumare troppa energia, ragion per cui quando attiviamo degli automatismi, ne è felice. Scegliere la tua tazza preferita è, in realtà, un trucco della mente per evitare che tutte le mattine debba scegliere fra tante opzioni. La stessa cosa accade quando fai la spesa al supermercato: sai già il percorso che devi seguire, le cose che vuoi comprare, e se devi andare in un altro supermercato ti senti nervoso perché non trovi facilmente i prodotti o le marche che vuoi. Questo vale per tutto. Nonostante sentiamo la necessità di innovare, diversificare e trovare stimoli, il cervello vuole che tutto sia facile per risparmiare energia.

L'AZIONE

Quella mattina ci fu un cambiamento nella mia routine: Magdan mi accompagnò in ufficio. All'inizio camminavamo in silenzio, ma dopo un po' che camminavo rimuginando su queste idee, non riuscii a resistere e gli chiesi:

—Magdan, perché il più delle volte reagiamo invece di agire?

—Perché se decidiamo «Io sono così» evitiamo la responsabilità di dover capire dove vanno i nostri automatismi e il nostro modo di pensare che, come già sai, dipendono in ampia misura dalle nostre convinzioni imposte dall'esterno. Tutto è programmato, quindi se vuoi una vita diversa bisogna cambiare programma, e questo non è così semplice. È come quando trovi un errore di battitura e lo correggi solo su carta: quando stampi nuovamente il documento comparirà di nuovo, bisogna effettuare il cambiamento sul computer. Allo stesso modo, dobbiamo cambiare la nostra programmazione interna per non commettere sempre gli stessi errori.

—Sì, ma come si fa?

—Per fare questo ti servono coraggio ed eroismo perché, come ti ho detto, devi affrontare il tuo peggior nemico: te stesso. Toglierti tutta la programmazione che ti fa reagire invece di agire non è facile, servono strumenti e, in genere, è necessario il supporto esterno di un professionista, perché si perde la prospettiva. È come una persona che porta sempre gli occhiali da sole e ha bisogno che qualcuno le dica di toglierseli per vedere un altro aspetto della realtà.

Ora io ero consapevole che dovevo agire e non reagire. Entrai nel mio ufficio e scelsi il momento adatto per comunicare ai miei superiori che avevo deciso di intraprendere un viaggio interiore. Pensai che forse non avrebbero capito, e che quindi avrei fatto bene a inventarmi qualcosa per assicurarmi che la settimana che mi restava da lavorare potesse passare senza la pesantezza del giudizio di quelli che mi avrebbero etichettato come matto o qualcosa del genere. Dissi loro che mia madre aveva problemi di salute e che dovevo partir per stare con la mia famiglia. In realtà mia madre non stava proprio benissimo, per cui era una mezza verità.

Mi chiesi in che misura una bugia possa essere ammissibile nella coscienza di un essere umano. Ci sono bugie che non causano alcun danno e altre che invece sì, alcune le dici per abitudine, come quando rispondi «Bene, grazie» quando ti chiedono come stai, anche se in realtà non stai poi tanto bene. Qual è il bene o il male che si cela dietro una bugia? Di certo durante il mio viaggio interiore avrei risolto anche questi enigmi. Nel frattempo, decisi di dire quella bugia per il bene di tutti, non solo il mio.

Quando dissi al mio direttore e ai colleghi che c'erano seri problemi di salute nella mia famiglia e che dovevo lasciare tutto fra una settimana senza poter comunicare una data di ritorno, ovviamente furono molto dispiaciuti ed evitai il rifiuto che avrei subito se fossi stato sincero.

La verità è che questa bugia mi aiutò a dire addio alla mia vecchia vita più facilmente. So che è meglio dire la verità, ma ci sono dei momenti in cui non ti senti abbastanza forte e hai persino dei dubbi e corri il rischio che qualcuno di esterno ti convinca a desistere. Sono convinto che se avessi avuto una maggiore consapevolezza avrei gestito quella situazione in un altro modo, ma in quel momento dissi a me stesso che potevo permettermi quella bugia perché non faceva male a nessuno. In effetti, la settimana passò con molta tranquillità. Tutti i colleghi mi trattarono con affetto e mi diedero conforto, e questo mi aiutò molto perché, anche se loro non conoscevano la vera ragione, io avevo bisogno di quel supporto. La mia ultima settimana in ufficio, che pensavo che sarebbe stata molto difficile e pesante, alla fine risultò quasi piacevole.

LA PARTENZA

Per strano che possa sembrare, durante quella settimana non parlai con Magdan quasi per niente, forse perché avevo bisogno di tempo per digerire quel cambiamento e lui lo intuiva. In ogni caso, avremmo avuto tutto il tempo del viaggio a disposizione per parlare, mi emozionava pensare di poter contare su una persona dotata di tanta saggezza e fermezza di spirito, sapevo di essere in buone mani e questo mi faceva sentire sicuro.

Finalmente arrivò il giorno della partenza. Non sapevo cosa mettermi, perché non conoscevo i dettagli di questo viaggio interiore, né dove mi avrebbe portato, le uniche indicazioni che mi aveva dato Magdan erano di non portare troppi bagagli e mi consigliò anche di scegliere un po' di vestiti per ogni stagione, perché avremmo attraversato il mondo.

Quando fui pronto, chiusi la valigia, mi fermai alcuni secondi a guardare la casa, sospirai profondamente, chiusi la porta e mi diressi all'aeroporto. Un'altra porta che si chiudeva per imbarcarmi in un nuovo viaggio. Sebbene per tutta la settimana fossi stato sereno e l'avessi vissuta tranquillamente, come se non fossi io quello che partiva, quando udii il clic della porta tornai a sentire lo sesso senso di vuoto che avevo percepito nelle occasioni precedenti. Lungo la strada per l'aeroporto non potevo fare a meno di pensare:

«Mio Dio, che sto facendo? E dove sto andando?...». Però ritrovai la serenità quando vidi Magdan che mi aspettava, in piedi davanti alla porta, sorridendo.

Dopo esserci salutati ci dirigemmo al check in. Non era stato facile trovare un biglietto economico per la singolare destinazione che Magdan mi aveva svelato pochi giorni prima: «Andremo a Medford». Non mi aveva detto nient'altro e mi disse che poco a poco mi avrebbe rivelato il resto, perché potessi fare le necessarie prenotazioni, ma che non avremmo viaggiato seduti vicini, perché preferiva lasciarmi da solo perché potessi pensare. A volte, per certi aspetti lo trovavo davvero strano, ma era parte del suo essere tanto speciale.

In aeroporto stavo morendo dalla voglia di conoscere le località che avremmo visitato, così cominciai a fare domande, solo per tranquillizzarmi un po', perché in realtà sapevo che non avrei ricevuto tutte le risposte di cui avevo bisogno per calmare la mia ansia.

—Magdan, allora, potresti dirmi qualcosa sui luoghi che visiteremo?

—Faremo un viaggio d'iniziazione dove lavoreremo molto sul nostro io interiore. Visiteremo i luoghi dove l'energia è più adatta a seconda di ciò di cui avremo bisogno, ogni luogo ha un'energia diversa che varia a seconda di molti fattori, nel nostro caso, come sai, il tuo viaggio interiore è legato ai sette chakra...

—Si, certo, i centri d'energia situati lungo la colonna vertebrale, dal pube fino alla parte superiore della testa —dissi, interrompendolo—. I principali sono sette, anche se ce ne sono molti altri più piccoli e meno rappresentativi in tutto il nostro corpo.

—Esattamente, vedo che ti sei informato. Poiché ogni chakra è legato a un lavoro interiore differente e si ritiene che anche la terra li abbia, e che questi punti si trovino sparsi per i continenti, visiteremo quei luoghi perché tu possa vivere un'esperienza completa. Il primo chakra della Terra si trova sul monte Shasta e ci aspetta un lungo viaggio, quindi ora libera la tua mente e rilassati. In questo viaggio sono molto importanti il silenzio ed essere cosciente di ogni cosa che fai, esserci durante ogni gesto, essere presente.

»Se prendi una tazza di caffè, per esempio, devi osservarti in ogni gesto: prendere la tazza, versare lo zucchero, mettere il cucchiaino per mescolare, girare il caffè, rimettere giù il cucchiaino, toccare la tazza, sentire l'aroma che ti riempie le narici quando la avvicini alla bocca, sentire il sapore del caffè che tocca le labbra, seguirlo mentre raggiunge il palato mantenendo questa sensazione di sapore intenso, e infine seguire il sorso fino alla gola, fin quasi a perderlo; dopodiché, bisogna ripetere questo processo per ogni sorso fino a finirlo. Questo, che sembra tanto facile, richiede molta attenzione e un grande sforzo, perché migliaia di pensieri ti riempiranno la mente e cercheranno di distrarti dal tuo momento, quindi non prenderla per una cosa semplice.

In quell'istante mi resi conto che la mia formazione era già cominciata. Mi concentrai sul prestare attenzione a tutto quello che facevo in ogni momento, sull'essere presente e sull'osservare ogni pensiero che mi passasse per la mente. Era molto più difficile di quanto credessi, ma mi perdonavo perché sapevo che era parte del processo di apprendimento. Le mille distrazioni dell'aeroporto, poi, non mi aiutavano affatto: gente dappertutto, annunci, luci, suoni... anche se quello che mi distraeva di più era ciò che si trovava nella mia testa. Mi venivano in mente molti pensieri su quello che mi aspettava, il mio lavoro, il mio futuro, come avrei vissuto quest'esperienza... Svolgere l'esercizio di stare nel "qui e adesso" era quasi impossibile, e dopo averlo fatto per dieci minuti mi sentii sfinito, quindi decisi di sedermi e svolgere un esercizio di respirazione che avevo imparato a lezione di yoga chiamato ujjayi. Mi concentrai sulla mia respirazione e seguii mentalmente la traiettoria dell'aria dentro e fuori dalle narici, emettendo un suono molto sommesso (come quando si ha il respiro pesante) per essere più consapevole del mio respiro. Emettere questo suono ti permette di concentrarti maggiormente sull'atto della respirazione, il che aiuta a calmare la mente.

Arrivò il tempo di mettersi in coda al gate e ricominciai con l'esercizio di vivere il momento, così passai tutto il processo d'imbarco osservandomi da fuori. Questo mi aiutò, perché dentro mi sentivo immerso in mille pensieri e osservarmi da fuori mi aiutava a mantenere la distanza.

Il tempo che passò prima di decollare mi sembrò interminabile, mi sentivo come quella persona che guarda la fila per tuffarsi in piscina e che vuole farlo il prima possibile per non vivere il tormento dell'attesa, quindi, quando decollammo, sospirai di sollievo. Non potevo più tornare indietro.

Trascorsi tutto il volo concentrato su di me, leggendo ogni tanto, guardando film, chiudendo gli occhi e cercando di dormire, ma sempre cercando di mantenere la mente impegnata nell'esercizio che Magdan mi aveva proposto.

E, in un momento di riflessione, ricordai il racconto di «Eveline» del libro Dublinesi dello scrittore irlandese James Joyce. Eveline, nonostante volesse un cambiamento nella sua vita e desiderasse andare a Buenos Aires per stare con il suo compagno e lasciarsi alle spalle una storia di abusi e solitudine, al momento dell'imbarco restò paralizzata, incapace di agire e di abbandonare quella sofferenza che, per lei, era l'unica certezza. Eveline fu vittima di quella sensazione che a volte ci paralizza quando dobbiamo effettuare un cambiamento drastico nella nostra vita. Così, vedendo come volava l'aereo fra le nubi, mi sentii orgoglioso di me stesso per aver superato le mie paure e aver preso la decisione di partire per il mio viaggio interiore. Il principale passo verso la mia nuova vita era stato fatto.

TERZA PARTE

Il viaggio di trasformazione

Primo chakra:
il monte Shasta

«Un albero dà frutti migliori se le sue radici sono forti e profonde. L'uomo trova le sue radici quando gli si fa chiara la sua missione, la sua visione, il suo proposito di vita. Questo dà senso alla sua vita e porta frutti migliori all'umanità».

MAGDAN

Con il corpo malconcio dopo tante ore di viaggio, giungemmo alla catena di las Cascadas nel nord della California, la nostra prima tappa. Io mi sentivo un po' perso, e avevo la sensazione di trovarmi dentro a un film: un nuovo contesto, un'altra lingua, l'aria differente che si respirava, il cambio di fuso orario... Ero così concentrato sul guardarmi da fuori che ora non riuscivo più a vedermi da dentro.

La routine della vita che facciamo non ci permette di essere flessibili per adattarci ai grandi cambiamenti, per questo è cosa buona, ogni tanto, obbligarci a uscire dalla nostra zona di comfort e permetterci di imparare cose nuove con le quali sorprenderci. Io mi trovavo completamente fuori dalla mia zona di comfort in quel momento.

A parte Magdan —che avevo perso di vista durante il volo perché sedeva lontano da me—, non avevo un punto fisso o conosciuto a cui potessi aggrapparmi, eccetto me stesso.

Una volta usciti dall'aeroporto, tornati a respirare il mondo, domandammo come raggiungere il monte Shasta e ci proposero un servizio di navette. La gente mi sembrò molto gentile e amichevole. Era come se non avessero fretta, come se andassero al proprio ritmo, un aspetto molto diverso dalla pressione che normalmente sentiamo quando viviamo in una grande città.

Lungo il tragitto guardavo il bellissimo paesaggio, ero circondato da una natura possente, che scombussolava tutti i sensi. Ero così contento di trovarmi lì che non c'era altro che potessi desiderare, e stavo cominciando ad apprezzare gli sforzi dell'esercizio di vivere il presente. Mi sentivo come uno studente in gita scolastica. Tutto mi emozionava. «Guarda quegli alberi enormi», «Wow, che roccia gigantesca», «Che tipo di uccello sarà quello che vola lassù?»... È incredibile quanto possa essere creativa la natura e quanto poco siamo disposti a lasciarci sorprendere.

Dopo il volo transoceanico e diverse ore di viaggio in furgone, il mio corpo aveva tutti i dolori possibili e cominciò a ritornare il vecchio Dani desideroso di un massaggio, una lezione di yoga, un pranzo gustoso e altre comodità. Finalmente arrivammo in un paesino molto accogliente dove decidemmo di passare la notte. L'albergo era in legno e offriva una bellissima vista del monte Shasta, io rimasi imbambolato ad ammirare la visione di quella montagna così potente e imponente. Solo a guardarla da lontano ti veniva voglia di gridare: «Grazie per esistere e darmi l'opportunità di ammirare una tale meraviglia!». Era bellezza pura, armonia pura, energia pura.

Una volta sistemati, ci sedemmo in terrazzo e cominciai a chiacchierare con Magdan. Avevo quasi perso l'abitudine di farlo perché, fra l'esercizio del silenzio e la meraviglia del viaggio, avevamo a malapena comunicato. Mi sentivo completamente al di fuori della mia zona di comfort, ma al contempo molto contento di esserlo, così gli chiesi perché, secondo lui, siamo così attaccati alla zona di comfort.

—Sai perché esiste la zona di comfort? Perché i potenti avevano paura che potessimo esprimere la nostra grandezza. Perciò ci hanno programmato per starcene buoni al nostro posto, comodi e beati, godendoci cose che in realtà non ci piacciono perché non scopriamo le enormi opportunità che abbiamo. Ci hai mai pensato? Chi lascia la vecchia via per la nuova non sa cosa troverà. Io dico sempre che troverà il paradiso, perché vivere una vita già vissuta non vale la pena.

—E se sbagliamo?

—Come minimo avremo imparato qualcosa di nuovo, avremo vissuto nuove emozioni, ci saremo conosciuti meglio e avremo vissuto sul serio. Inoltre, avremo più strumenti per sapere cosa dobbiamo fare per migliorare e arrivare dove vogliamo. La tua zona di genio si trova al di fuori di quella di comfort, quindi, se vuoi veramente cambiare la tua vita, devi uscirne.

Non ci avevo mai pensato in quei termini, ma, come sempre, Magdan aveva ragione. Non appena arrivato in quel luogo avevo notato molta pace e tranquillità nella gente, sembrava che tutto funzionasse in modo armonico, nel silenzio. Mi misi ad ammirare il paesaggio e rimasi estasiato, però non sapevo ancora niente di cosa ci facessimo lì e ciò mi intrigava, quindi chiesi a Magdan che mi spiegasse qualcosa di più su quell'esperienza.

—Guarda, Dani, come ti ho detto prima di partire, c'è una forte connessione fra l'essere umano e la Terra. Già sai che l'induismo parla di centri d'energia distribuiti lungo la colonna vertebrale, i chakra, che sono la connessione tra il nostro corpo fisico e quello spirituale e la cui funzione è portarci alla consapevolezza di noi. Sai anche che la Terra ha i suoi centri d'energia, e in questo momento ti trovi proprio davanti al primo dei sette chakra della Terra.

»Pensiamo alla Terra come se fosse privata della propria coscienza e della capacità di pensiero, ma è viva e ha il suo proprio processo evolutivo che, a sua volta, è strettamente connesso con il nostro. Non si potrebbe spiegare la sua bellezza e creatività se non fosse un essere vivente, ci hai pensato? L'uomo è ritenuto un essere creativo e intelligente perché costruisce palazzi o opere d'arte, ma la Terra crea sculture straordinarie che è possibile ammirare in ogni angolo e, tuttavia, non le attribuiamo alcuna intelligenza, forse perché pensando che non stiamo danneggiando un essere vivente ci sentiamo meno in colpa quando la distruggiamo.

»I chakra della Terra hanno la funzione di mantenerne la salute e il benessere, di ricevere e trasmettere l'energia che si espande in modo circolare. Sono centri d'informazione e facilitano il cammino dell'essere umano verso l'evoluzione. Davanti a te si trova un vulcano dormiente, situato fra le montagne Cascade e Siskiyou nel nord della California: questo è considerato il chakra che sta alla base di tutto il sistema energetico della Terra. Le sue funzioni sono creare equilibrio e integrazione fra specie, regolare la forza vitale universale e aiutare l'essere umano a entrare in contatto con le sue radici. Si dice che questa montagna sia quella con la maggior carica energetica.

»Siamo venuti qui perché è importante iniziare a costruire dalla base, dalle radici, per risalire alle nostre origini e trarne forza. Domani compirai un passo importante, con la tua prima esperienza iniziatica. Non voglio svelarti niente, ma capirai quanto sia importante aver chiaro il viaggio che ti appresti a fare per apprezzarne i dettagli durante i passi successivi.

»Su questa montagna si raccontano storie di avvistamenti di esseri enormi vestiti di bianco o di scomparse misteriose di persone — per ore o giorni— sotto gli occhi delle loro famiglie, persone che al loro ritorno non ricordano niente. Sono state anche trovate ossa giganti, ma cercano di non diffondere troppo quest'informazione per evitare che la gente vada nel panico o cominci a viaggiare troppo con la fantasia. Questo, senza alcun dubbio, è un luogo speciale e magico.

La verità è che in quel luogo sembrava tutto talmente diverso che rimasi rapito dalle storie di Magdan e per un po' me ne stetti zitto, ispirato dal silenzio e dall'energia che emanava dalla Luna. Siccome era già abbastanza tardi, uscimmo a fare una passeggiata per la piccola cittadina cercando un posto dove poter gustare una buona cena. Ero estasiato, mi sentivo libero di essere chiunque volessi.

Trovammo un posto accogliente con tavoli da condividere con altri commensali e cucina casereccia. A un grande tavolo erano seduti Shena e il suo compagno, avranno avuto una cinquantina d'anni, di certo avevano un'energia incredibile e un immenso desiderio di condividere le esperienze che avevano vissuto. Non appena ci fummo seduti ci raccontarono del loro pellegrinaggio ai centri energetici e ci assicurarono che su quella montagna l'energia era davvero spettacolare. Erano appena tornati dalla Bosnia, dove avevano visitato le piramidi. Io rimasi sorpreso perché non sapevo che ci fossero piramidi lì, e Shena mi spiegò alcuni dettagli di quel fantastico luogo.

—In realtà a prima vista sembrano montagne, sebbene abbiano una forma appuntita, e credi che siano semplicemente una creazione della natura, ma la verità è che al loro interno ci sono delle piramidi. Queste piramidi sono sparse in tutto il mondo: Sicilia, Canarie, Mesoamerica, Guatemala, Salvador, Belice, Perù, Cambogia e Cina, e il 95% di esse sono nascoste nella giungla. In

Bosnia ce ne sono cinque e la principale è la piramide del Sole, che ha un'altezza di 220 metri e, oltre a essere la più alta del mondo, è anche la più antica, poiché è stato valutato che la sua costruzione risale a più di 34.000 anni fa. Tuttavia, la cosa più impressionante è il suo perfetto orientamento verso il nord cosmico. Fu costruita proprio lì perché è un punto molto potente a livello energetico. Per visitarle potete andare a Visoko, ve lo raccomando, infatti sono tutte e cinque connesse da chilometri di tunnel sotterranei, di cui però solo il 5 % è accessibile, il resto è ancora sepolto. Molte persone vanno lì come volontari per aiutare gli scavi, e ci restano perché pare che questi tunnel abbiano un potere curativo e ringiovanente.

»Sapevi che in greco piramide significa 'fuoco' o 'energia nel mezzo'? Quello che hanno messo in luce gli studi è che le piramidi creano un campo continuo d'energia che si concentra nella punta ed emette onde che sono molto più rapide della velocità della luce e anche molto più potenti. Dovete andarci un giorno, visitarle è un'esperienza unica, e un pieno d'energia.

Quello che ci raccontava Shena era molto interessante, ma avevo addosso una stanchezza incredibile e desideravo solo sprofondare nell'oblio assoluto del sonno, quindi finimmo di cenare e ce ne andammo direttamente in albergo.

Il giorno dopo mi svegliai fresco e riposato, con un largo sorriso sulle labbra e un gran desiderio di vivere la fantastica esperienza iniziatica che mi attendeva. Così facemmo colazione, prendemmo una navetta con altre persone dirette al monte e ce ne andammo.

Le sensazioni che sperimentai mentre ci avvicinavamo a quell'enorme montagna furono indescrivibili, sentii che un'energia entrava nel mio corpo e che mi ricaricava. Magdan mi aveva parlato della potente energia che si percepisce là, ma non avrei creduto che fosse grandiosa al punto da sentire chiaramente che pervadeva il mio corpo, lo notavo, quasi come un formicolio che si spandeva come un fluido dentro di me. Tutti i miei sensi erano completamente travolti dall'esperienza: la vista degli alberi frondosi, la terra marrone brillante, i profumi dell'aria...

Magdan mi spiego un po' quello che mi aspettava in quel grande giorno:

—Ti ricordo, Dani, che il primo chakra si chiama Muladhara ed è il chakra radice, o base. È legato al colore rosso e si trova alla base della colonna vertebrale o coccige, nel perineo. Il significato di questo chakra è la sopravvivenza, il diritto ad esistere, ed è legato alle abilità del mondo fisico e a come interagiamo con tutto ciò che è materiale. Quando non è in equilibro soffriamo di anemia, spossatezza, dolore nella parte bassa della schiena e al nervo sciatico, depressione e sensazione di freddo nelle mani e nei piedi.

»Ciò su cui lavorerai oggi è la base dell'Essere, i fondamenti che ti guidano come persona, la conoscenza del senso della vita, della missione personale e dei valori che ti accompagnano nel corso della tua vita. È molto importante perché, nonostante pensiamo di essere liberi di decidere, esistono convinzioni e valori che ci limitano ed è importante conoscerli per avere maggiore consapevolezza.

Quando arrivammo ai piedi della montagna ci trovammo di fronte all'entrata di una caverna enorme. Il gruppo di persone che, come noi, erano venute a partecipare all'esperienza era numeroso e cominciammo a chiacchierare mentre aspettavamo che ci lasciassero entrare. Mi presentai a molta gente, ma non ero in grado di ricordarmi il nome di molti di loro, quindi mi avvicinai a Magdan e gli chiesi cosa potessi fare per ricordare i nomi.

—Dani, dipende tutto dal tuo livello di ascolto. Ascoltare sembra una cosa molto semplice, e invece non hai idea di quanto possa essere difficile farlo perché, come sempre, siamo concentrati sul nostro io e quindi ci risulta complicato concentrarci su quello degli altri. Se quando ti presentano una persona fai soprattutto attenzione a come dici il tuo nome e non dai importanza al nome dell'altro, dov'è il tuo ascolto? Lo stesso accade quando qualcuno ci racconta un viaggio o un'esperienza e ci affrettiamo a raccontare qualcosa di noi per dimostrare che anche noi abbiamo avuto vissuti simili.

—È vero, non avevo mai guardato alla cosa da questo punto di vista.

—La parola più pronunciata al mondo è io: «Sì, perché io...», «Anche io...». Io, sempre io. Non vediamo la magia celata nell'ascoltare attivamente le persone per imparare e dar loro spazio perché si esprimano. Conversare deve essere un arricchimento per entrambi. Quando restiamo confinati nel nostro dialogo interiore non ascoltiamo veramente, per cui praticare l'ascolto attivo è una buona abitudine, poiché ci permette di dimenticarci di noi stessi e di abbandonarci all'altra persona, uscire dalla nostra realtà ed empatizzare. In più, è divertente, perché apprezziamo di più le storie e lavoriamo d'immaginazione, il che ci permette di creare nuove connessioni nel nostro cervello. A noi persone piace essere ascoltati, perché possiamo condividere l'io che abbiamo dentro. Così, quello che manca nella società di oggi è praticare questo ascolto attivo, abbandonarsi all'altro ed essere presente, mettendo a tacere il dialogo interiore.

LA CERIMONIA DEL PRIMO CHAKRA

Il consiglio di Magdan fu molto utile e iniziai a notare i cambiamenti in quanto prestai più attenzione alle altre persone e smisi di essere tanto concentrato sul mio io. Dopo un po' si presentarono alla porta un gruppo di locali sorridenti che ci consegnarono una busta —che supposi essere una lettera di benvenuto— e ci invitarono a entrare in una grande sala dentro la montagna; ognuno, in solitudine, si sedette dove voleva. Allora aprii la busta e cominciai a leggerne il contenuto.

Benvenuto nelle profondità più sconosciute del tuo essere!

Benvenuto nel luogo dove si nascondono le paure, le ansie e le emozioni più oscure... Tutte le tue emozioni sono uno strumento e conoscerle coscientemente ti trasformerà nel maestro di te stesso e ti renderà libero di sperimentare. Puoi usare le emozioni per raggiungere il tuo obiettivo, nuove azioni e nuove abitudini, ma per riuscirci dovrai prima accettarle, viverle e amarle. Preparati a elevare la vibrazione del tuo pensiero.

Mentre leggevo, iniziai a sentire un suono di tamburi. Il suono, con l'eco della caverna, mi faceva vibrare tutto il corpo, specialmente nella parte alla base della colonna vertebrale. Improvvisamente comparve un uomo che cominciò a muoversi al ritmo dei tamburi per guidarci con i suoi movimenti corporei e, così facendo, riattivare le energie del corpo, e che ci disse:

—Benvenuti a tutti! È giunto il momento di intraprendere un viaggio verso il nostro io interiore per liberarci dei limiti, del peso del passato e delle catene che ognuno si trascina tutti i giorni, per iniziare a vivere intensamente ADESSO. Se ci troviamo qui è perché l'abbiamo scelto, ma...

Quell'uomo cominciò a fare domande all'aria:

—Sei venuto qui spontaneamente? Vuoi davvero un cambiamento nella tua vita? Cerchi qualcosa che ti permetta di vivere appieno?

Vuoi sfidare te stesso per superare le tue paure? Sei disposto a rinunciare ai tuoi limiti? Sei pronto a esprimere l'essere meraviglioso che è in te? Vuoi veramente vivere una grande avventura? Ne sei sicuro al cento per cento? —Permetterai a te stesso di essere la migliore versione di te? Sei disposto a impegnarti perché il cambiamento avvenga? Credi quindi in questo miracolo?

»Se hai risposto sì con consapevolezza, che il tuo miracolo cominci! Lascia andare le tue paure, tutto quello che ti provoca dolore, quello che ti limita, che ti consuma e non ti permette di essere felice. Chiudi gli occhi e pensa a quei momenti in cui ti senti senza forze, nei quali sembra tutto difficile, quando la paura, l'ansia o la tristezza ti perseguitano e senti di dover trovare una via d'uscita...

Ascoltando quella voce che spiccava fra i ritmi marcati dai tamburi, chiusi gli occhi e richiamai alla memoria quei momenti. La voce dell'uomo continuò dicendo:

—Ora pensa a un episodio concreto della tua vita, a un timore che ti attanaglia, e inizia a sussurrare il suo nome dando voce alla tua sofferenza, come se avessi davanti una persona saggia che ti ascolta. Illustragli la tua paura e senti che il dolore e l'ira ti crescono dentro e ti danno forza per gridare il suo nome.

Il suono e il ritmo dei tamburi andavano aumentando, i movimenti del corpo li accompagnavano facendosi sempre più energici e cominciai a sentire che ognuno dal suo posto gridava il suo dolore creando un effetto liberatorio, come se stessimo scaricando l'enorme peso conservato al nostro interno. Mi sentii come un palloncino che abbandona le zavorre che non gli permettono di volare fino al cielo, e improvvisamente mi sentii leggero, rinnovato, un uomo nuovo.

—Più forte! Urla le tue paure! Liberati di tutto ciò che hai dentro... Esprimiti liberamente... Lascia che il potere di questa montagna curi le tue ferite, le guarisca e seppellisca le tue sofferenze nelle sue profondità, rigenerandoti.

Per un bel po' continuammo questo processo di purificazione finché il corpo, la gola e la mente, esausti per l'esperienza, si fermarono per prendere fiato. In quel momento i tamburi lasciarono il posto a una musica soave, leggera e incredibilmente liberatoria, e la voce cominciò a parlarci nuovamente:

—Ora sentiti libero perché qualcuno si è già occupato dei tuoi problemi. Abbandona il tuo corpo al ritmo soave e leggero della musica che ti accompagna e lascia andare tutto il carico e il peso accumulati. Il pianto, le emozioni negative che ti hanno invaso finora, adesso sono stati purificati dall'interno. Sei libero. Lasciati andare! Non importa cosa dicono gli altri, non importa cosa dice la tua famiglia, non importa cosa dice la tua mente razionale... Muoviti, esprimiti, liberati. Ciò che importa ora sei tu. Abbandonati. Balla la tua leggerezza e celebra la tua libertà. Sì, perché ora sei veramente libero!

Ascolta *Fearless* su https://www.danidimaggio.com/viaggio-interiore/

Mi sentivo proprio così, libero per la prima volta. E l'energia che si percepiva nell'ambiente mi diceva che i miei compagni d'avventura si sentivano allo stesso modo. Fu un'esperienza catartica che era solo all'inizio.

—Ora sperimenteremo una tecnica di respirazione molto interessante che si chiama pong-youp —disse il maestro di cerimonia—. Consiste nel respirare profondamente aprendo i polmoni e inspirando attraverso il naso, con la bocca chiusa, mentre si pensa alla parola pong, poi si espira dalla bocca piegando il corpo in avanti per restringere i polmoni pensando alla parola youp.

»Devi seguire il ritmo che scandirò senza fermarti, perché questo è un metodo di respirazione che serve a bruciare il karma delle vite passate. Potresti sentire dolore, come dei coltelli che ti si conficcano in certi punti del corpo, ma non smettere. Non è mai morto nessuno respirando così, non temere, non succederà niente. Questa è una tecnica ereditata dal monaco tibetano Charn Chano, che vive in Tailandia, e ti servirà a evolvere più rapidamente. Prima di cominciare, concentrati sulla tua volontà di bruciare quel karma che ti impedisce di evolvere. Cominciamo!

Effettuammo la respirazione per un tempo che non saprei quantificare, per me fu un'esperienza così intensa che, senza il sostegno del gruppo e la guida di quell'uomo che ci spingeva scandendo il ritmo, credo che non sarei stato in grado di farlo. Alla fine mi sentii completamente esausto, come se avessi superato una grande prova fisica, ma assolutamente felice.

Durante quell'esperienza avevo già notato che si stava verificando una trasformazione dentro di me. Mi sentivo diverso. Dopo questa pratica così intensa ci lasciarono un po' di tempo per elaborare quello che avevamo appena vissuto. Il viaggio interiore era appena cominciato. Cosa mi attendeva? L'avrei scoperto molto presto, quindi decisi di rilassarmi e lasciarmi andare.

LE RADICI

Entrò nella caverna una donna con l'aspetto di una sacerdotessa che si mise al centro per cominciare la cerimonia.

—Tutto è materia, tutto passa per il filtro del piacere o del dolore.

TERZA PARTE · IL VIAGGIO DI TRASFORMAZIONE

Ci sentiamo individui soli in mezzo alla gente e creiamo relazioni, interconnessioni, attaccamento per sentirci meno soli e rifiutiamo le nostre paure, i nostri timori, le nostre emozioni più animali. Siamo schiavi dell'attrazione istintiva, la sessualità, e abbandoniamo la ragione per l'istinto. Una voce grave risuona nella parte più profonda del nostro corpo e dentro di noi sentiamo l'abbandono assoluto al piacere istintivo dell'essere, e allo stesso tempo all' oblio e l'oscurità.

»La nostra vita è un viaggio, un percorso, una scoperta, una continua ricerca che può trasformarsi in tristezza a causa dell'ignoranza. Riempiamo il vuoto della solitudine con l'attaccamento e quando non ci riusciamo cerchiamo di annullarci, di abbandonarci al corpo dell'altro, di tutti gli altri... Cerchiamo di riempire i vuoti con l'intenzione di ottenere piacere. Gesti che ci guidano verso un film che, buono o scadente, è quello che abbiamo scelto in quanto suoi registi. Un film che si sviluppa e ramifica coinvolgendo altre persone, intersecandosi con altri film attraverso le infinite combinazioni che la vita ci porta. Un'opera d'arte che ognuno di noi sviluppa giorno per giorno in quell'infinito che è il tutto.

L'uomo che ci aveva dato il benvenuto continuò dicendo:

—Ora lavoreremo sul primo chakra che rappresenta la base, la radice dell'essere, perché è importante che conosciamo con chiarezza cosa ci unisce alla Terra, cosa siamo, perché siamo qui, cosa siamo venuti a fare in questo viaggio chiamato vita. Avere a disposizione una bussola che ci guidi nel nostro viaggio è il modo migliore per arrivare a destinazione, perché viaggiamo senza sapere dove andiamo, e quando ci rendiamo conto che in realtà vorremmo dirigerci in un posto completamente diverso, è già troppo tardi. La chiarezza e la consapevolezza sono ciò che può fare della tua vita un'opera d'arte. E questo momento è essenziale per capire il motivo per cui siamo venuti qui sulla Terra, e di quali strumenti disponiamo per raggiungere la nostra meta.

»Nell'arco della vita ci insegnano a camminare, ad andare in bicicletta, ci dicono che dobbiamo studiare, crescere sani e ottenere un buon lavoro per poterci fare una famiglia e cercare di costruire qualcosa che ci permetta di vivere tranquillamente gli ultimi anni della nostra vita. Ci inculcano il principio di sicurezza, ci parlano dell'importanza di una buona educazione, di studiare per avere, un giorno, una posizione importante... Praticamente, ci insegnano tutte le cose che ci portano ad agire in modo automatico per arrivare ad avere uno stile di vita strutturato e una sicurezza economica, ma non ci mostrano la base essenziale per vivere una vita piena.

»La maggior parte delle persone non sa dove sta andando, che sta facendo della sua vita, né quale sia la sua vera missione qui sulla terra. Le poche persone che se lo chiedono, se non hanno una guida o una consapevolezza ben sviluppata, finiscono per tornare alla solita routine prestabilita, o cadono in depressione perché non capiscono che strada devono prendere. Ma altre, come quelle che oggi si trovano qui, decidono di prendere seriamente questo interrogativo e andare fino in fondo, utilizzando tutti gli strumenti lungo la via.

»La nostra vita è come un rompicapo, abbiamo molti pezzi fra le mani che, di per sé, non hanno alcun significato. Senza una visione del disegno finale che vogliamo creare, possiamo solo guardare ogni pezzo e chiederci come incastrarli, anche se di per sé non hanno molto senso. Oggi siete venuti qui per visualizzare l'immagine di ciò che volete veder realizzato nella nostra vita, e apprenderete come dare un senso a tutte le esperienze che avete vissuto fino ad oggi, ma soprattutto, a quelle che vivrete da oggi in poi.

»Per cominciare il vostro viaggio dovete disporvi a coppie guardandovi negli occhi. Per prima cosa uno dei due chiederà «E tu chi sei?» e l'altro dovrà rispondere senza pensare. La domanda è apparentemente semplice, ma vedrete che all'inizio sarà l'emisfero sinistro a rispondere, e vi suggerirà che pronunciate il vostro nome, il vostro lavoro o le vostre caratteristiche fisiche... Tuttavia, arriverete a un punto in cui il cervello esaurirà le sue risorse e interverrà la parte maggiormente connessa con la vera essenza: questa vi suggerirà la risposta per dire cose che non avreste mai immaginato di dire. Si tratta non limitarsi, perché la nostra essenza è più grande di quanto pensiamo, prendetelo come un gioco per non castrare le vostre idee. Dite semplicemente quello che vi viene da dire, senza filtri.

»Questo esercizio, che proviene dall'India, ci permette di metterci a nudo poco a poco, toglierci strato dopo strato come se fossimo una cipolla per arrivare al centro della questione. È un processo che può durare ore, perfino giorni, ogni persona ha i suoi tempi. Quando avrete terminato, dovrete annotare quello che ha attratto la vostra attenzione e condividerlo col vostro compagno, dopodiché sarà il suo turno. Potete concludere con un abbraccio e poi sdraiarvi sul pavimento con gli occhi chiusi, ascoltando quello che la vostra essenza ha da dirvi. Ognuno sceglierà la sua maniera. Appena trovate un compagno, potete cominciare.

Mi guardai intorno e incontrai lo sguardo di una ragazza che era seduta di fianco a me, così ci scambiammo un gesto e ci sedemmo l'uno di fronte all'altra, per cominciare con la dinamica che ci avevano appena spiegato; lasciai che fosse lei a cominciare. Trovai interessante vedere che, come ci era stato detto, la ragazza abbandonava gradualmente la parte razionale per entrare nel suo io più profondo. Osservai come, ogni volta che mi dava una risposta e io le chiedevo nuovamente «Chi sei?» i suoi occhi non sapessero dove trovare la risposta. Si dice che, in base al lato in cui una persona guarda, alla sua sinistra o alla sua destra, attinga ai suoi ricordi, alla parte razionale, o alla sua parte più creativa, e che a seconda che si tratti di una persona visiva, uditiva o cinestesica, cambi l'altezza alla quale guardiamo. L'esercizio fu incredibile, domanda dopo domanda la sua espressione mutò da rigida a sognante, piena di leggerezza e dolcezza. Quando terminammo, le lasciai un po' di tempo per scrivere i suoi appunti sulla dinamica, dopodiché venne il mio turno. La ragazza iniziò:

—E tu chi sei?

—Sono Dani.

—Non ti ho chiesto il tuo nome, chi sei?

—Sono il figlio di Linda e Claudio.

—Non ti ho chiesto dei tuoi genitori, chi sei tu?

—Sono un esperto di marketing.

—Non ti ho chiesto il tuo lavoro, chi sei tu?

—Sono un uomo.

—Non ti ho chiesto il tuo sesso, chi sei tu?

—Sono un appassionato di yoga.

—Non ti ho chiesto delle tue passioni, chi sei tu?

—Sono uno spirito dentro un corpo.

—Chi sei tu?

—Sono energia.

—Chi sei tu?

—Sono amore.

—Chi sei tu?

—Sono.

Non ricordo quanto tempo ci misi a lasciarmi andare e quanto ci misero le mie risposte a passare da razionali a connesse con la mia essenza. Dopo l'esercizio, presi delle note e mi lasciai cadere al suolo assaporando l'energia che sembrava ripulire il mio corpo da tutti i pensieri del passato. Per la prima volta ascoltai la mia anima e mi sentii leggero. Ora sapevo che Io non ero solo un corpo fatto di carne e ossa, non ero il mio nome né la mia professione, ero molto di più. Ognuno di noi è un universo infinito racchiuso in un mezzo, il nostro corpo, e siamo qui per compiere una missione. Ora che ne ero cosciente dovevo capire bene quale fosse la mia.

Quando tutti ebbero finito con la dinamica ci invitarono a condividere con il gruppo la nostra esperienza, e ci sorprendemmo molto di quanto belle furono le cose che ognuno di noi espresse su sé stesso. Questo ci fece sentire più uniti, come parte di un tutt'uno.

Però dovevamo ancora trovare la nostra missione. Per facilitarci il compito, ci distribuirono dei questionari con domande riguardanti cosa ci appassionava nella vita, cosa ci dava pienezza e allegria... Erano domande che, poco a poco, ti guidavano per scoprire il tuo scopo nella vita, la tua missione, la tua visione e l'impronta che desideravi lasciare.

Io non mi ero mai fermato a cercare di fare chiarezza su cosa realmente volessi nella vita, e con ogni risposta mi sentivo come se fossi accompagnato gentilmente, senza pressione, verso i miei desideri più profondi. Terminai rendendomi conto che ciò che più mi commuoveva era aiutare gli altri a essere più consapevoli del vero significato della vita perché potessero uscire dal processo di meccanizzazione nel quale cadiamo. Scoprii che ciò che più mi affascinava era essere cosciente di questa crescita interiore che a me portava sicurezza, passione e gioia di vivere per imparare sempre di più.

Mi dedicai tanto intensamente a cercare risposte che persi il senso dello spazio e del tempo, finché, ancora l'uomo che ci aveva dato il benvenuto, mi distolse dai miei pensieri.

—Ora condividerete le vostre conclusioni in coppie, ma ricordate che lo scopo è qualcosa di irraggiungibile, di molto grande, che non ha mai fine e che può cambiare nel corso degli anni. La missione può essere la ragione per la quale sei venuto al mondo, ciò che più ti emoziona o motiva, oppure le ragioni per cui prendi le tue decisioni a livello personale o professionale. La missione è un fattore che ispira le tue giornate e non cambia nel tempo. È raggiungibile, anche se ci vuole molto tempo, ed è anche misurabile, nonché un mezzo che ti avvicina allo scopo. Infine, bisogna tenere conto che la visione riflette la tua idea del mondo, rappresenta ciò che vuoi per il tuo futuro, ma espresso nel presente. È ciò che speri e che vuoi veder realizzato in un lasso di tempo specifico, e quando ci sarai riuscito, avrai compiuto la tua missione.

Quando cominciai a condividere le mie riflessioni, mi resi conto che grazie a questa dinamica avevo chiarito molte cose su di me. Avevo capito che il mio scopo era far sì che ogni persona che mi incontrasse si sentisse meglio, e che la mia missione era accrescere la mia consapevolezza e aiutare gli altri a fare lo stesso, perché potessero raggiungere la versione migliore di sé stessi. Scoprii anche che i miei valori sono la lealtà, il rispetto, l'amore, la perseveranza, la tranquillità e la pace, e che i miei doni sono la creatività, l'intuizione, l'equilibrio e la calma interiore, perché ogni volta che usavo queste qualità mi sentivo assolutamente felice e allegro, sebbene finora non avessi mai dato loro importanza.

Nella caverna avevo scoperto di essermi sempre concentrato sul raggiungimento dei risultati che volevo e che, nonostante non sempre li avessi ottenuti rapidamente come speravo, ciò mi aveva aiutato a coltivare la pazienza. Ero stato costante per completare i miei studi e per trovare un lavoro che mi soddisfacesse, il che mi portò perfino a trasferirmi all'estero... E ora avrei usato questo dono per giungere alla mia nuova meta.

Quando uscii dalla cerimonia mi sentii un uomo nuovo. Avevo seppellito le mie paure e i miei blocchi mentali in quella montagna, avevo riscoperto le radici del mio essere e condiviso quell'esperienza con altre persone che, come me, si stavano risvegliando. In quel luogo trovai la bussola della mia strada e riuscii a capire perché il lavoro d'ufficio non mi faceva sentire pieno. Non stavo crescendo nella mia consapevolezza, non stavo aiutando altri a crescere e a trovare la loro strada, non stavo dando vita alla mia versione migliore. Stavo solo vivendo una routine automatica, ma ora per fortuna mi ero svegliato e potevo continuare il mio viaggio.

Alla porta della caverna c'era Magdan che mi aspettava con il suo solito sorriso, solo che stavolta mi sembrò ancora più brillante. Mi avvicinai a lui per salutarlo e nemmeno mi chiese com'era andata. Me lo lesse nello sguardo e mi abbracciò. Senza una parola, prendemmo l'autobus per il ritorno.

Nell'autobus gli parlai di quanto fossi felice di aver fatto chiarezza dentro di me per poter trovare la mia missione e di quanto fosse importante che tutti ne avessimo una ben chiara.

—In effetti, Dani, tutti siamo qui per seguire la legge del dare, sebbene i più vedano la vita da un punto di vista egocentrico, convinti che ricevere sia meglio che dare. Pensano: «Se posso tenere qualcosa per me, perché darlo a qualcun altro?». Ma la verità è che se condividi con amore l'emozione e la sensazione di pienezza che un certo piacere ti dà, perché possano goderne anche altre persone, ti accorgerai che questa sensazione dura molto più a lungo. Il piacere finisce subito, mentre la pienezza di donare ha un effetto magico che si prolunga nel tempo. Siamo venuti a questo mondo per lasciare un segno, perché le nostre azioni possano migliorare ciò che ci sta attorno, e se questo è sano e ci circondiamo di buona energia, saremo anche noi più felici. Se generiamo cattive vibrazioni con l'egoismo e la tirannia, questo influenzerà più noi stessi che gli altri. Dani, sei venuto per dare e la ricompensa è ricevere, non l'opposto.

»Pensa che siamo come un albero nei cui frutti risiede l'essenza di ogni persona. Ma per avere buoni frutti bisogna prima prendersi cura delle radici (i nostri pensieri e le nostre emozioni) e bisogna far sì che siano raggiunti dai raggi del sole (le attenzioni e l'amore esteriore) e, in questo modo, potremo trovare il momento adatto per donare agli altri il frutto più dolce. Non avrebbe senso che l'albero si tenesse i suoi frutti, perché questi finirebbero per marcire ed egli non potrebbe mai gustarli. Il vero godimento è vedere gli altri nutrirsi con essi. Questa è la legge del dare.

Le sue parole mi fecero capire perché i miei genitori facessero delle rinunce per me, e mi sentii egoista per tutte le volte in cui avevo detto che non avrei mai potuto sacrificare certe cose per darle a un figlio o a un'altra persona. Stavo cominciando a trasformare l'attaccamento alle cose materiali in qualcosa di molto più prezioso: l'amore per le persone che ci circondano.

Quella sera rimanemmo in paese, e nonostante fossi esausto sia fisicamente che mentalmente per l'esperienza che avevo vissuto, Magdan mi propose di uscire a festeggiare.

—A festeggiare cosa? —gli dissi

—Dani, festeggiare è una cosa molto speciale, è la gratitudine e l'energia che ti spingono ad andare sempre avanti. È importante festeggiare per dare valore a ogni passo, a ogni conquista che fai sulla strada verso un traguardo. Se non riconosci il suo valore e non gli dai la giusta attenzione, il tuo progetto finirà per perdere forza. Il punto è gustare il durante, nel quale sei realmente presente e vivi quell'emozione di avvicinarti, passo dopo passo, a ciò che desideri, di non concentrarti solo sull'obiettivo finale. Le emozioni che generi con questo festeggiamento saranno un segnale perché l'universo capisca che questo è ciò che volevi, e questo lo attrarrà verso te ancora di più. E poi, ora che sei riuscito a lasciarti il passato alle spalle e a sopravvivere al primo passo di questo viaggio, bisognerà pur festeggiare, no?

Aveva ragione, la vita è fatta per essere celebrata ed io ero disposto a proseguire, per continuare a scoprire tutte le cose meravigliose che mi aspettavano nelle tappe successive del mio viaggio.

Secondo chakra:
il lago Titicaca

«Esiste un'energia che ci connette con gli altri esseri creando una ragnatela di fili invisibili. Non importa se la chiamiamo amicizia, relazione di coppia o di lavoro, senza questa rete l'essere perde il suo nutrimento e, col tempo, diventa come un ramo secco. Risiede qui l'importanza di una vita sociale soddisfacente, eppure la maggior parte delle volte non le diamo abbastanza importanza, finché non la perdiamo».

MAGDAN

Erano passati alcuni giorni dalla mia esperienza nel monte Shasta e, pieno di aspettative, ero già nuovamente in cammino per la tappa successiva di questo viaggio. Ci attendeva il lago Titicaca —nelle Ande centrali, fra la Bolivia e il Perù— dove si trova la pietra Titicaca, un centro geometrico che rappresenta il secondo chakra della Terra. Lungo il viaggio, Magdan cominciò a rivelarmi qualche dettaglio su quello che mi aspettava.

—Il secondo chakra si chiama Svadhisthana. È il chakra della milza, si trova al di sotto dell'ombelico ed è legato al colore arancione. È collegato ai sentimenti, alle sensazioni e alle abilità sociali e intime. Quando non è in equilibrio si verificano disturbi alimentari, depressione, dolori nella parte bassa della schiena, asma, allergie o problemi urinari o sessuali come l'impotenza o la frigidità. In virtù di questa relazione con l'emozione, l'energia sessuale e la creatività, questa volta lavorerai sulle tue relazioni e sui ruoli che interpreti in coppia e nel tuo ambiente (lavoro, amicizie, famiglia...) per aiutarti a chiarire il concetto di identità.

»Il più delle volte non abbiamo chiari i nostri ruoli o il peso che dobbiamo dare a ciascuno di essi nella nostra vita. Siamo esseri sociali e viviamo per legare, perciò è fondamentale trovare il modo di creare queste connessioni facendoci chiarezza interiore per agire in modo cosciente.

Mi aveva reso un po' nervoso la questione delle relazioni di coppia, una mancanza nella mia vita, così chiesi a Magdan cosa pensasse delle donne.

—Credo che siano le creature più belle che madre natura abbia creato e che noi, in quanto uomini, diventiamo nobili grazie a loro e ci fanno sentire completi. È come se la loro influenza ci portasse a raffinare i nostri modi, perciò è importante rispettarle e ascoltarle, poiché hanno molto da dirci. Nel corso della storia la donna è stata maltrattata e usata, ritenendola un oggetto, e questo non può più andare avanti. Se vuoi trovare il tuo equilibrio come uomo, devi imparare a rispettarle e amarle, lasciando loro la libertà di esprimere ciò che hanno dentro.

Io avevo sempre nutrito rispetto per le donne. Avevo avuto poche storie durature, ma tutte mi avevano riempito il cuore e mi avevano fatto sentire bene. La verità è che quando una donna ti ama non ti serve altro, è come la parte che completa il tuo essere e che si perpetua in altre vite grazie alla creazione.

Riflettendo su questo mi resi conto che le mie relazioni mi avevano sempre aiutato a superarmi, e quindi ricordai la mia storia con Sonia, con la quale avevo condiviso la mia vita per sette anni. Ricordo quegli anni come una tappa di incredibile felicità che mi fece crescere come uomo a tutti i livelli. Ero quindi d'accordo con Magdan, perché Sonia mi aveva fatto scoprire la parte sensibile e dolce che avevo dentro e che, da allora, mi presi cura di conservare.

Avevo sempre sentito la necessità di avere una ragazza per condividere i momenti felici e anche per avere un sostegno nei momenti difficili, ma ero riuscito ad avere solo poche relazioni che valessero veramente la pena. Non avevo mai avuto intenzione di accontentarmi e, se una relazione non mi appagava, preferivo stare da solo piuttosto che avere al mio fianco una persona che non mi portasse alcun valore aggiunto, sebbene questo mi causasse una certa tristezza, quindi mi venne spontaneo chiedere a Magdan se, a volte, non sentisse il peso della solitudine.

—In realtà la solitudine la crea il nostro ego, che ci fa credere che siamo separati dagli altri, e per riempire questo vuoto interiore crediamo di aver bisogno di avere amici o partner, senza capire che la pienezza proviene dalla nostra spiritualità, dal sentirci parte di un tutto. Tenendo presente questo non ci sentiremo mai soli, perché sapremo che siamo sempre tutti interconnessi. Se ci fai caso, le persone più equilibrate tendono a stare da sole. Gesù, che era un essere illuminato, non ebbe mai partner e, sebbene come uomo sentì la solitudine, quando si riconnetteva con la coscienza divina tornava a brillare di felicità.

»Siamo abituati a pensare che la cosa giusta da fare sia sposarci, avere figli e crearci una famiglia, ma la famiglia non dev'essere composta solo da persone con un legame di sangue. È l'amore a creare la famiglia, non l'albero genealogico.

»Quindi se un giorno ti senti solo, assumi una posizione di meditazione, rilassati, chiudi gli occhi e chiedi che l'amore celestiale di tutto l'universo riempia il tuo cuore. Sentirai un'ondata d'energia profonda, un segnale che ti dice che sei parte del tutto, e saprai di non essere mai solo. Se ancora vorrai dividere la tua vita con una persona, apri il tuo cuore, guarda la gente negli occhi, sorridi e vedrai che attirerai delle persone meravigliose, anche se fosse solo per avere una conversazione piacevole. Non saremo mai isolati se comprendiamo a fondo la nostra esistenza.

Dopo queste parole raggiungemmo la nostra destinazione, un paesino con dei paesaggi spettacolari, proprio accanto al lago Titicaca. Il solo ammirare la natura può regalare sensazioni di grandezza e io, davanti a questa fantastica vista, notavo quanto mi sentissi diverso in un ambiente urbano, circoscritto da tutti gli edifici. A contatto con questa natura così incredibile mi sentivo immensamente felice.

LA CERIMONIA DEL SECONDO CHAKRA

Non appena arrivati al paese, delle persone ci ricevettero per darci il benvenuto, Magdan si allontanò e io fui condotto al resto del gruppo che aspettava di partecipare all'attività. Una volta che fummo tutti insieme, ci distribuirono di nuovo delle buste con un messaggio, che cominciai a leggere con curiosità.

TERZA PARTE · IL VIAGGIO DI TRASFORMAZIONE

Riemergendo dalla terra un velo di seta avvolge due corpi che cercano un mistero occulto. Si guardano, si studiano, approfondiscono la conoscenza dell'opposto, l'inizio e la fine con una danza che si oscilla tra il maschile e il femminile. Poco a poco nasce uno sguardo d'intesa, un inizio di complicità, una mano che investiga la verità dell'altro. Le braccia si cercano, le gambe si attorcigliano, i corpi si abbracciano e si abbandonano alla continua ricerca di sé stessi, nel desiderio di riconoscersi, di reinventarsi e di scoprirsi nell'altro.

Questo è il mondo della polarità: del maschile e del femminile, del positivo e del negativo. Ti trovi nel regno delle sensazioni, il regno delle emozioni, un segreto di vite vissute, di sacrifici fatti in favore della propria esperienza e della propria creazione. Ti trovi di fronte al gioco della vita, della dominazione e dell'abbandono, di guidare ed essere guidato, un gioco che noi tutti viviamo nella nostra vita quotidiana. Ma quando arriva il momento in cui tutto ti si stringe attorno, ti consuma, ti soffoca e non ti lascia vedere oltre, tutto esplode in mille pezzi e crolla davanti ai tuoi occhi, lasciandoti di nuovo solo e senza difese, senza alcuna sicurezza né certezza, come un gioco di ruolo dove il dolore si mischia col piacere e l'inizio con la fine, dove tutto fluttua fra la pienezza e la vuotezza viscerale. Un gioco dove la scelta è annullarsi o lasciare che ci si annulli, smettere di essere un tutt'uno o essere isole, abbandonarsi alla danza della vita.

Una persona dell'organizzazione interruppe la mia lettura per presentarci l'esperienza che ci aspettava.

—Amici, la vita è un viaggio, un percorso, una scoperta, una ricerca continua che non deve trasformarsi in tristezza né in disperazione per colpa della nostra ignoranza. Siamo individui che si sentono soli in mezzo a tanta gente e crediamo di poter riempire questo vuoto utilizzando il piacere per coprire il dolore, e per questo abbandoniamo il nostro corpo a quello di altre persone o annulliamo le nostre coscienze per mezzo di sostanze chimiche.

»Il tragitto si costruisce con le nostre scelte come protagonisti, perché siamo gli autori del film delle nostre vite. Sviluppiamo la trama, coinvolgiamo gli altri intrecciandoci con le infinite combinazioni che la vita ci dà. Creiamo opere d'arte che ciascuno di noi porta avanti giorno dopo giorno in questo flusso infinito. Non c'è un percorso buono né uno cattivo. Queste classificazioni semplicistiche le crea la mente per comodità. Il nostro corpo è come un'automobile, e se non ci mettiamo della benzina di qualità comincerà a cedere e andare più piano, finché alla fine non riuscirà più a partire. Questa buona benzina è il pensiero positivo, quello che ci permette di imparare e superarci.

All'improvviso iniziò a risuonare una musica allegra e la gente dell'organizzazione cominciò a ballare, incoraggiando i presenti a sperimentare la sensazione di lasciarsi andare attraverso il movimento. Fu molto divertente ballare con persone con cui non avevo mai parlato, scambiandoci sorrisi quando mi imbattevo in qualcuno, senza altro proposito che seguire il ritmo della musica. Il ritmo cambiò di colpo e ci chiesero di metterci a due a due appoggiando i palmi delle mani su quelli dell'altra persona e di cominciare a guidare il compagno, guardandolo direttamente negli occhi. Fu molto curioso vedere come, senza parlare, ogni persona decidesse volontariamente di prendere il controllo e guidare la danza per poi, in modo altrettanto spontaneo, lasciarsi guidare.

Per me all'inizio fu molto difficile perché mi sentivo rigido e insicuro, mi risultava difficile essere deciso e soprattutto, lasciarmi guidare. I primi passi che guidai furono un vero disastro, perché calpestavo continuamente i piccoli piedi della ragazza di fronte a me. Mi sentivo proprio a disagio.

A un certo punto cambiarono le coppie e stavolta mi trovai di fronte a una donna molto decisa. Lei alzò la testa, mi fissò negli occhi informandomi con lo sguardo che dovevo seguire la sua guida, e io mi sentii quasi protetto e trovai la sicurezza che portò via il mio

TERZA PARTE · IL VIAGGIO DI TRASFORMAZIONE

malessere. Mentre ballavamo, nella mia testa cominciò a risuonare: «Non pensare, vivi il momento». Allora mi ricordai dell'esercizio che Magdan mi aveva chiesto di eseguire in aeroporto, e quindi lo feci, cominciai a vivere il momento, ascoltando me stesso e l'altra persona. Il punto era fluire, seguire le sensazioni che percepivamo come coppia in quel momento, non dominare o essere dominati.

Ed era ciò che stavo facendo quando l'uomo che ci aveva assegnato l'esercizio cominciò a parlare:

—A volte crediamo che il nostro ruolo sia dirigere o comandare nelle nostre relazioni con gli altri, altre volte ci concediamo di essere soggetti alle decisioni di altre persone. Questo esercizio ci rivela che ognuno di noi è capace di guidare ed essere guidato, di comandare o di seguire ordini, e che nessuno dei due ruoli è buono o cattivo. Tutto dipende dal momento e da come lo viviamo.

»Senti il momento e rispondi a queste domande: Come ti senti quando qualcuno ti guida? Ti piace che ti guidino o ti infastidisce? Quali pensieri ti vengono alla mente? C'è forse qualche esperienza del passato che influisce sulle tue sensazioni? Perché il fatto che qualcuno ti guidi ti fa sentire così? Hai paura di commettere errori e preferisci che qualcuno ti dica quello che devi fare per scaricarti dalla responsabilità? Come ti senti quando si invertono i ruoli? Come cambia il tuo atteggiamento? Riesci a trovare l'equilibrio passando da un ruolo all'altro senza sentirti a disagio? Da cosa dipende quella sensazione? Dalla coppia? Dai tuoi pensieri? Dal fatto che ancora non ti sei reso conto di questo? Che succede se il tuo compagno è dello stesso sesso? Cambiano le cose?

Mi resi conto che, in realtà, nessuno aveva pensato a fare l'esercizio con una persona dello stesso sesso, infatti, a uno dei cambi restò libero solo un uomo, e ballare in coppia fu molto imbarazzante per entrambi. Ma quando ci chiesero di provare a farlo fu un'altra storia perché, siccome era un'autorizzazione che veniva dall'alto e lo facevano tutti, non mi sembrò più tanto strano e imbarazzante. Di nuovo, il coordinatore parlò:

—Quante volte facciamo qualcosa solo perché sono approvate dall'alto e gli altri lo fanno? Non ci tratteniamo spesso solo perché una certa cosa, vista da fuori, appare strana o ridicola, e l'idea del giudizio esterno ci rende nervosi? Permettiamo a noi stessi di essere liberi e di fare quello che vogliamo per vivere un'esperienza senza essere condizionati dai giudizi esterni?

L'UNITÀ

Quest'esercizio fu illuminante per aiutarmi a essere consapevole delle mie relazioni con gli altri. Dopo un bel po' di balli con diversi compagni, ci sedemmo comodamente sul prato e, di nuovo a coppie, iniziammo a fare un esercizio di respirazione. Consisteva nel mettersi l'uno di fronte all'altro guardandosi negli occhi e cercare di respirare inspirando ed espirando in sincronia, senza che nessuno guidasse l'altro, solo ascoltandoci. E, inoltre, per renderlo ancora più difficile, dovevamo sintonizzarci con la respirazione delle coppie che ci stavano vicine. A un certo momento ci fecero chiudere gli occhi per concentrarci solo sulla respirazione e, improvvisamente, scoprimmo di essere un unico respiro. Un solo coro di ispirazioni ed espirazioni. Lasciarmi andare per perdere la personalità e sentirmi parte di un grande, unico essere fu una sensazione magica. Non avrei mai immaginato che la respirazione potesse avere quest'effetto universale così potente.

—Siamo uniti da un unico filo che ci avvolge tutti —disse la nostra guida—. La respirazione ci connette e ci fa sentire parte di quest'unione. Siamo abituati a vivere a ritmi diversi per sentirci unici, esseri separati, e quando sperimentiamo l'unione riusciamo a capire che in fondo siamo uno.

»L'istinto sessuale ha sempre avuto la funzione di portarci all'unione con l'altra persona, penetrarsi per annullarsi nell'altro e arrivare ad essere una sola carne, e dall'orgasmo dell'unione e la nostra estasi rivelarci l'essenza della divinità che abita in noi. Ma questo atto d'unione, che è un atto divino, è stato macchiato, e diventa blasfemo se tutto si riduce a un atto meccanico, di svuotamento, di sottomissione di uno all'altro, se ci dimentichiamo della vera estasi racchiusa in quest'atto sacro. Si possono raggiungere l'orgasmo e l'estasi semplicemente respirando all'unisono, sentendosi parte dell'altro, sentendo l'amore che va oltre le parole, e questo non è qualcosa che si può spiegare, si può solo provare.

»Qui stai superando le barriere della mente. Non pensare se hai di fronte un uomo o una donna, un anziano o un giovane, un occidentale o un orientale. In questa unione tutte le differenze scompaiono. Comincia a vivere come se l'altra persona fosse un'estensione di ciò di cui anche tu sei parte. Inizia a eliminare le separazioni per imparare dalle differenze e poter rispettare i diversi ruoli che dobbiamo svolgere. Ricorda, la tua mano ha una missione, il tuo piede un'altra, e sono entrambi degni di gran rispetto, perché sono parte del tuo corpo. È questione di capire che ognuno ha un ruolo che deve interpretare con onore, che tutte le parti appartengono allo stesso corpo e che, perché tutto funzioni nel modo migliore, devono concentrarsi sul loro compito. Ognuno di voi già conosce la sua missione in questa vita. Portatela a termine nel migliore dei modi. Amatela e onoratela. Siate parte dell'Uno.

Quello che diceva aveva molto senso, quel momento di estasi nel sentire che tutti respiravamo in sincronia fu come un orgasmo di felicità, e senza pudore cominciammo a sorridere, ad abbracciarci, a stringerci, qualcuno pianse, persino, di allegria. E ora non vidi più il vicino come qualcuno di estraneo, di esterno a me, per la prima volta nella mia vita sentii l'emozione di amare senza limiti, senza condizioni e senza il controllo della mente, semplicemente godendo del fatto di trovarmi nel presente e in unione con gli altri.

Fu allora che ricordai che Magdan una volta mi aveva detto che l'amore è qualcosa di grandioso che pochi, in questa vita, riescono a provare davvero, e pensai che invece è qualcosa che dovremmo vivere tutti i giorni. La mia missione, ora, era ancora più chiara.

LE RELAZIONI

Dopo questa profonda esperienza di unità, iniziammo a socializzare durante il pranzo per conoscerci e, malgrado mi trovassi a migliaia di chilometri dall'Europa e fra sconosciuti, mi sentii a casa. Ero abituato a parlare con persone che avevano condotto una vita ordinaria e i nostri discorsi si incentravano sempre su casa, famiglia, lavoro, in alcune occasioni di passatempi o viaggi, ma niente di speciale che potesse stimolare la mia curiosità. Lì, in mezzo a quella prateria, c'erano persone con storie incredibili, per esempio, conobbi un ragazzo messicano che mi parlò della sua esperienza in un rituale di rinascita che aveva eseguito in un cenote.

Questo rituale consisteva nello scrivere su un fazzoletto episodi del passato dei quali ci si voleva liberare, avvolgere il fazzoletto con erbe aromatiche e legarlo con un cordino per dargli la forma di una piccola palla. Tutti i partecipanti meditavano dentro la caverna al ritmo di tamburi il cui suono, per via dell'eco, si sentiva dentro il corpo; poi bruciavano la pallina alla cadenza dettata da alcuni canti rituali e, ubriacandosi dell'aroma che sprigionavano le erbe aromatiche, quando erano pronti, uno ad uno si lanciavano nell'acqua gelida del cenote per lavare via per sempre quelle esperienze. Mi sembrò un atto davvero liberatorio e credo che sia un'esperienza incredibile perché permette di liberarsi delle emozioni più profonde del passato, e per sempre. Quel ragazzo mi disse che per lui era stata una tecnica davvero potente, e che ora aveva dimenticato quasi del tutto l'episodio che aveva bruciato.

Altre persone mi parlarono di altri rituali ed esperienze di rinascita, come quella della capanna del sudore. Si trattava di entrare, nudi, in una capanna nella quale c'erano alcune pietre molto calde, il che faceva salire moltissimo la temperatura dell'interno. Questo faceva sì che si sudasse in modo eccessivo, arrivando persino a momenti di apnea, e in quelle circostanze si condividevano con il gruppo episodi personali dolorosi per liberarsene, mantenendo l'unione intima e solidale. Quest'esperienza obbligava a dominare il corpo e la mente, a lavorare sulla resistenza e la persistenza, e a mettersi completamente a nudo, dentro e fuori.

In realtà c'erano molti modi di rinascere. Io stesso potei raccontare un'esperienza che avevo vissuto con il metodo del rebirthing. Con questa tecnica, una persona consente l'esperienza mediante la respirazione olotropica, scandendo le inalazioni e le esalazioni per poterne seguire il ritmo finché non si giunge a un momento in cui quasi si perde conoscenza. Durante quell'esperienza sentivo la gente intorno a me che cominciava a piangere o a eccitarsi molto. In quel momento, la mia reazione fu quella di ridere, perché quell'esercizio ha la sola funzione di liberare quelle emozioni che sono lì pronte ad essere rilasciate.

Un'altra tecnica per rinascere che avevo provato era quella del watsu, che consiste nel sommergersi in acqua a 35°C e, mentre galleggi, la guida comincia a muoverti e a massaggiare certi punti del tuo corpo. Le orecchie devono sempre essere immerse in acqua per ascoltare una musica molto delicata. È come rivivere il parto e ti senti accolto e felice. Per me fu un'esperienza che mi fece rinascere.

Dopo parecchio tempo passato a condividere le nostre esperienze, gli uomini che si occupavano dell'organizzazione ci distribuirono dei fogli sui quali era disegnata una stella molto speciale con delle istruzioni. Era la stella delle relazioni, che permette di rappresentare graficamente il proprio livello di espansione relazionale.

Al centro di tutto, che sarebbe il cuore della stella, dobbiamo collocare l'io.

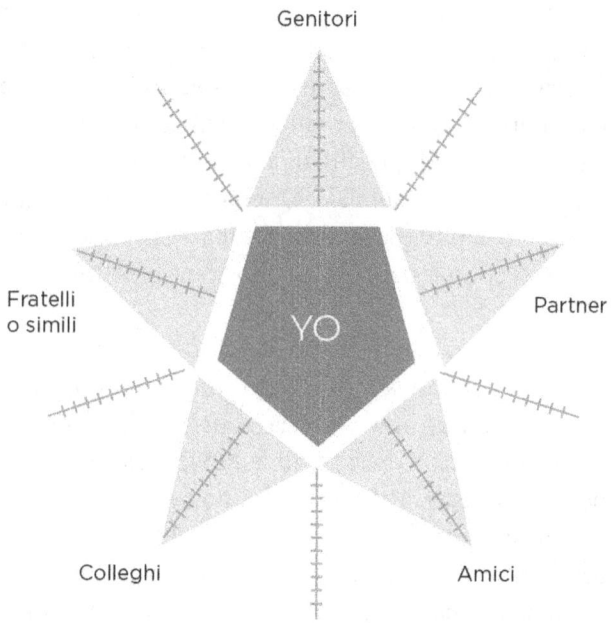

Nella punta superiore, che corrisponde alla testa, dovevamo posizionare quelle persone che ci hanno permesso di crescere mentalmente, coloro che ci hanno trasmesso dei valori e hanno influenzato il nostro modo di pensare. Potevano essere i genitori, insegnanti o una persona che ci ha ispirato.

Nelle due punte laterali superiori, le braccia della stella, dovevamo situare le persone che ci appoggiavano e ci aiutavano nel nostro sviluppo personale (partner, fratelli e sorelle, amici...).

Infine, nella parte inferiore, cioè nelle due gambe della stella, dovevamo posizionare le persone che ci avevano permesso di avanzare nella vita a livello personale (amici, familiari...) e a livello professionale (colleghi, capi...).

Scarica la tua stella delle relazioni su
https://www.danidimaggio.com/viaggio-interiore/

Una volta completata, dovevamo dare un voto da 1 a 10 ad ogni relazione a seconda di quanto la coltivassimo e del tempo di qualità che le dedicavamo. In questo modo avremmo potuto prendere consapevolezza di quali tipi di relazioni fossero le più importanti nella nostra vita, in funzione della lunghezza delle punte della stella. Più lunghe erano, più importanza avevano nella nostra vita, il che ci permetteva di capire se coltivavamo a sufficienza queste relazioni e se fra loro ci fosse un equilibrio o no.

Mentre eseguivo quest'esercizio, mi resi conto che il mio modo di pensare era fortemente influenzato dai miei nonni paterni, con i quali, da piccolo, avevo trascorso molto tempo, perché i miei genitori lavoravano; e anche che mia sorella aveva influito molto sul mio modo di essere, perché diversamente da me, che ero molto introverso, era molto sicura. Inoltre, fui consapevole di aver appreso moltissimo, soprattutto in termini di comportamento, al lavoro, da alcuni dei miei capi.

Per concludere la giornata, al calar della notte compimmo una cerimonia che iniziò con delle canzoni molto ritmate. Tutti noi partecipanti, tenendoci per mano, formammo un grande cerchio e cominciammo a muoverci seguendo il ritmo. A un certo punto ci diedero una ciotola d'acqua e ci chiesero di versarla sulla testa della persona che avevamo alla nostra sinistra, benedicendo il divino che albergava in lei, fino a completare il giro. Quando toccò a me, mentre l'acqua mi scorreva sulla testa e le braccia, sentii come una sensazione di pulizia e tranquillità. Quando fu il momento di dare la mia benedizione, sentii così tanto amore e allegria che, in realtà, non vidi la persona che mi stava a fianco, ma la sua anima.

Una volta completato il giro, il suono si fece ancora più ritmato e tutti fummo invitati a seguirlo, liberando la grande energia che avevamo dentro, cosicché ognuno iniziò a ballare a suo modo, alcuni sorridendo, con gli occhi chiusi, altri in estasi. Potevi essere vicino al corpo degli altri, sentire il contatto, abbandonarti, sentirti vivo. In quel momento di grande liberazione qualcuno cominciò a gettarci addosso secchiate d'acqua, e nel gruppo esplose l'euforia. Cominciammo una battaglia di gavettoni tutti contro tutti, ridendo, gridando, scappando, inseguendoci... e terminammo tuffandoci nell'acqua del lago. A causa dell'esperienza tanto intensa alla fine eravamo esausti, stesi sul prato, ansimanti, ma felici. Di nuovo la musica, che non aveva smesso di suonare, cambiò e divenne più profonda, e cominciammo a concentrarci sulla terra, sui profumi, sulla sensazione tattile delle nostre mani sull'erba; assorbivamo la forza che si stava espandendo dentro di noi. Fu davvero incredibile. Potei abbracciare il suolo e avere la sensazione che stessi abbracciando tutto il pianeta.

Bagnato fradicio, e con il corpo distrutto per la stanchezza, vidi Magdan, che era venuto a prendermi per tornare all'albergo. Io mi sentivo liberato per quanto riguardava la mia relazione con le altre persone, perché sotto questo aspetto mi ero sempre sabotato, e ogni volta che volevo avvicinarmi a qualcuno mi bloccavo. Ora ero riuscito a eliminare questo blocco e mi sentivo un tutt'uno con le altre persone, senza limiti di comunicazione o connessione con gli altri. Fu come un'altra rinascita.

In silenzio, tornammo all'albergo che si trovava vicino al lago. Non so se fu per l'incantevole vista sull'acqua o per tutto quello che avevo vissuto quel giorno, ma me ne stetti fermo e in silenzio per ore, perso nei miei pensieri.

Terzo chakra:
il monte Uluru

«Esiste una forza che può ordinare a una montagna di muoversi e far sì che possa riuscirci. È un potere interiore che ci unisce al nostro Io superiore e ci permette, attraverso l'azione, di compiere la nostra missione per raggiungere la felicità e vivere in pienezza. È il centro di tutto il nostro essere».

MAGDAN

La mattina dopo, Magdan e io ci rimettemmo in viaggio, e io mi sentivo veramente diverso, e dire che non avevo superato che la seconda tappa del mio viaggio interiore. Ora ci stavamo dirigendo verso la montagna Uluru, in un continente che avevo sempre voluto visitare: l'Australia.

Dopo una giornata faticosa, atterrammo a Sidney, ma il nostro viaggio non era ancora terminato perché dovevamo passare per Alice Springs per poter arrivare alla destinazione finale, la sacra montagna Uluru. Quasi cinque ore di viaggio attraverso un paesaggio selvaggio e penetrante che sembrava portarci direttamente alla fine del mondo.

Uluru è uno dei simboli naturali più riconoscibili d'Australia, questa enorme formazione di arenaria ha una circonferenza totale di quasi 10 km e la maggior parte del suo volume si trova sottoterra. Uluru è caratterizzata dall'avere colorazioni differenti a seconda del momento del giorno e dell'anno in cui la si ammira. La sua spettacolarità è brutale, soprattutto quando si illumina di rosso all'alba e al tramonto. Nei giorni in cui il cielo è particolarmente terso si può vedere, da lì, fino ai monti Musgrave, a cento chilometri di distanza. Tanto Uluru quanto la vicina formazione Kata Tjuta hanno una grande importanza culturale per gli abitanti originari della zona, gli anangu, che cercano di proteggerla dai turisti per evitarne l'erosione e perché la considerano sacra.

È incredibile pensare che un tempo era circondata d'acqua, era un'isola in un lago che scomparve con il cambiamento climatico, e oggi si trova in mezzo a un deserto. Per scalarla devi essere in forma e non soffrire di vertigini perché è un'impresa molto impegnativa, infatti, quando la temperatura supera i 36 °C e sono previste piogge e forti venti, le autorità chiudono l'accesso.

Io ero emozionato per avere l'opportunità di visitarla e, approfittando del fatto che avevamo il tempo di percorrere la strada a piedi, Magdan mi intrattenne parlandomi del terzo chakra.

—Il terzo chakra si chiama Manipura ed è il chakra del plesso solare, situato nello stomaco, sopra l'ombelico. Il suo colore è il giallo ed è associato al potere personale, all'ego, alla fiducia in sé stessi e alle qualità di autocontrollo e senso dell'umorismo. Quando non è in equilibrio si presentano disturbi alla digestione, ulcere, diabete, costipazione, nervosismo, colite e problemi di memoria. Per il suo legame con il controllo, il potere e la libertà, quello su cui lavorerai qui sono il tuo potere interiore e la tua essenza reale. In questo centro si realizza la connessione con la migliore versione di sé stessi, che si può raggiungere grazie alle visualizzazioni. Si tratta di arrivare alla consapevolezza di ciò che si vuole ottenere in termini di aspetti interiori, per centrare l'attenzione sull'allenamento del corpo e dei pensieri, e sulla gestione delle emozioni. Sentire ed essere. Tutto questo lavoro sarà molto intenso e può arrivare a cambiarti profondamente, sempre che desideri davvero andare incontro a questo cambiamento e credere nel fatto che sei un Essere molto grande e Speciale.

—Ma possiamo tutti ottenere questa grandiosità?

—Nasciamo tutti per essere campioni. Infatti, un solo spermatozoo ha dovuto lottare per riuscire a fecondare l'unico ovulo presente, e a tal scopo ha dovuto essere il più veloce, il più sveglio e il più forte in un numero fra 400 e 600 milioni. Ciò che scegli di pensare di te è un'altra cosa. E se non hai il fisico di un atleta olimpico forse è perché sei venuto al mondo per compiere un'altra missione. Quanto sarebbe noioso il mondo se fossimo tutti uguali! Il bello sta nella diversità, nella creatività di reinventarsi quando qualcosa sembra impossibile, nel dominare una situazione lasciandosi alle spalle lamentele e scuse. Una persona che raggiunge un obiettivo superando i propri limiti proverà più soddisfazione di una che non ha affrontato questa sfida e trovato l'energia per fare qualcosa che apparentemente era impossibile. Per la stessa ragione non ha senso paragonarsi, perché ognuno è unico per i suoi geni, per la sua esperienza, per le sue circostanze. Possiamo ispirarci e prendere esempio o imparare dagli altri, ma non saremo mai uguali, né migliori né peggiori. La sola cosa che gli altri possono fare è ispirarci.

Era vero, tendiamo sempre a fare paragoni e a qualificarci quando, in realtà, siamo diversi. Sarebbe come dire che le pere sono meglio delle mele: ognuno avrà le sue preferenze, ma questo non toglie che entrambi siano frutti. A partire da quel momento feci maggior caso alle caratteristiche che ci rendono differenti, ma senza fare confronti.

LA CERIMONIA DEL TERZO CHAKRA

Quando raggiungemmo la nostra destinazione, scendemmo dal bus e andammo dritti al gruppo con il quale avrei condiviso quell'esperienza. Come d'abitudine, mi ricevettero calorosamente e mi invitarono a sedermi per leggere il foglio di benvenuto.

Uno sguardo fermo, una potente energia, un equilibrio perfetto, una sicurezza radicata, una direzione precisa, una visione chiara e decisa. Un ritmo emozionante, una forza magnetica che attrae, affascina e trascina –girando come un vortice di emozioni– per agire.

La vita è un gioco, sta a te scoprirne le regole e divertirti. Sei l'attore di una commedia o di un dramma, a seconda di ciò che sceglierai. Alla continua ricerca di ciò che vuoi essere, guardi al tuo passato e ai tuoi antenati senza comprendere che l'unica domanda è: «Qual è la parte di me che oggi voglio sviluppare?». Rispondi e agisci senza pensare al futuro. Vivi il presente con fiducia e goditi ciò che hai oggi. Non può succedere niente se non lo desideri. Comincia a vedere le cose che ti porta la vita, le opportunità che ti presenta; accogli, come parte dell'insegnamento, anche quelle più difficili o dolorose, perché sono prove per imparare a creare. Sei l'architetto del tuo destino, lascia un segno nella storia, un disegno profondo e con i suoi chiaroscuri.

A un certo punto, mentre leggevo, una voce cominciò a guidarci per attuare una dinamica che lavorava sul potere interiore rappresentato dal plesso solare.

—A volte ci insegnano tecniche che, quando messe in pratica, vediamo che non funzionano. Allora ci chiediamo cosa c'è che non va e perché non abbiamo ottenuto i risultati che avremmo dovuto raggiungere. La risposta è nella mentalità, perché finché non entri nella mentalità di quell'Essere che vuoi essere, non avrai risultati durevoli.

»Se vuoi essere un grande oratore, non ci riuscirai solo leggendo e usando le tecniche e le regole che ti sono state insegnate, per diventarlo devi avere la postura di un oratore, imparare a respirare, a camminare, ad agire e a pensare come tale. Senza questo non avrai mai il successo che speri. Per essere bisogna Essere, non c'è una via di mezzo. A tal scopo, ispirati, modellati, apriti e assorbi esperienze perché ogni tua cellula possa respirare tali emozioni e tu possa, in seguito, esprimerle a modo tuo.

»Una volta che hai chiaro il modello che ti ispira e dove vuoi andare, devi gestire i tuoi pensieri. Da oggi devi iniziare a pensare a ciò che vuoi, ma immaginandolo con tutti i dettagli; fai una lista particolareggiata di tutti gli aspetti che desideri per la tua vita: salute, lavoro, amore, amicizie, famiglia, casa... Sarai l'architetto della tua vita, costruirai la tua opera d'arte! E, con questa chiarezza, potrai focalizzarti su quello che vuoi che ti succeda. Questo è un esercizio di controllo della mente e di rieducazione mentale che ti servirà molto nel processo che stai per attuare.

Dopo queste parole, cominciammo a meditare.

—Chiudi gli occhi, mettiti comodo, porta le mani ai fianchi e ascolta la tua respirazione: profonda, centrata e rilassata. Siamo esseri capaci di creare e riprodurre, anche se abbiamo dimenticato di avere questo potere. Ora cercheremo di trovare la parte che vogliamo esprimere e vi penetreremo profondamente per darle vita.

»Ora assumi una posizione stabile, con i piedi separati alla larghezza del bacino e radicati fortemente alla madre Terra per poter ricevere la sua energia. Pensa a quella che reputeresti la versione migliore di te stesso, quell'Essere meraviglioso che hai sempre voluto essere, e comincia a osservarlo: come lo vedi da fuori?, che caratteristiche ha?, cosa ti affascina di questa tua versione?

»Continua a tenere gli occhi chiusi. Osserva la sua respirazione. Concentrati sulla sua postura: come tiene le spalle?, e il bacino?, e la schiena? Che inclinazione ha la sua testa? Come tiene la mandibola?, e gli occhi? Come muove le mani?, dove le tiene? come si connette con la propria energia e come lo fa sentire questo? Come cammina?, come si muove?

»Prendi coscienza di come guarda le persone. A cosa sta pensando mentre lo fa? Ha uno sguardo fermo? È sincero? Cosa esprime? Ripassa questa tua versione. Visualizzala.

»Ora concentrati sulla parte interna, sul suo carattere. Com'è? Come si esprime attraverso il suo corpo?

»Ora che senti la possente energia che il tuo fantastico Essere emana, mettiti nei suoi panni ed entra nel suo spazio, trasformati in lui e lascia che ti guidi. Senti tutto ciò che hai osservato da fuori: il suo modo di respirare, la sua postura, il suo sguardo, il suo modo di vedere la vita. Ora puoi aprire gli occhi. Osserva ciò che ti circonda con occhi diversi. Sei entrato nella tua versione migliore. Inizia a camminare nello spazio e continua a osservare: i tuoi passi sono diversi da prima? Come senti il peso del tuo corpo? Come sono i tuoi movimenti?

»Ora comincia a interagire con un'altra persona. Osserva come reagisce e come si relaziona con questa nuova versione di te stesso. Inizia ad avere piccole conversazioni. Prova la tua nuova voce. Ascolta come la voce esce dalla tua bocca. Noti la differenza? Percepisci tutte quelle caratteristiche che avevi ammirato dall'interno.

»Ora cambia compagno e prova come funziona con un'altra persona. Noti qualcosa di diverso? Osservati. Continua ad andare in giro.

»Ora lascia la tua nuova versione libera di far ciò che vuole veramente. Lasciati sorprendere. Puoi cantare, ballare, recitare, semplicemente sederti o fare qualcosa di inaspettato. Concediti la libertà di osare...

In quel momento, tutti cominciarono a vivere il loro film. Sembravamo matti. Gente che parlava da sola, alcuni che cantavano al cielo, altri ballavano... Io mi sedetti per osservare me stesso. Mi osservavo mentre camminavo, guardavo, ballavo... Per me fu come conoscere un nuovo Essere.

Ascolta e scarica la visualizzazione *La mia migliore versione* su https://www.danidimaggio.com/viaggio-interiore/

Dopo un po' ci disponemmo a cerchio per condividere l'esperienza di vivere dentro la nostra versione migliore e molti affermarono di sentirsi più sicuri di sé. Il primo a parlare fu un ragazzo alla mia destra:

—Mi sembra di interpretare una parte in un film. In alcuni momenti mi sento sciocco, però mi dà sicurezza, come se le cose che prima mi disturbavano non mi toccassero perché sto agendo nel miglior modo possibile. Questo mi dà sicurezza. È una strana sensazione, ma piacevole.

Dopodiché fu il turno di Cherry:

—Sento di fingere, mi sembra di ingannare me stessa. So di non essere questa grande persona e fingere mi fa stare male.

Il coordinatore del gruppo intervenne:

—E che c'è di male nel fingere?

—Che non sai più cos'è reale e cosa no.

—Cos'è reale per te?

—Quello che tocco, quello che vedo.

—Quindi, l'aria non esiste nella tua realtà?

—Certo che esiste!

—Allora dimmi: cos'è la realtà per te?

—Tutto ciò che posso sentire e percepire, con i sensi. Posso sentire l'aria respirando.

—Allora, non credi che esistano delle onde radio o del telefono?

—Sì, esistono.

—E come puoi dimostrarlo con i tuoi sensi?

—Ascoltando un telefono o una radio.

—Stai dicendo che hai bisogno di un mezzo per percepire una realtà che altrimenti non potresti apprezzare?

—Esatto.

—E credi che potresti considerare questa visualizzazione un mezzo per percepire una realtà differente?

—Sì, perché no? A dire il vero mi piace la sensazione che mi provoca.

—Sentiti libera di essere te stessa e usa questo come mezzo in quei momenti in cui desideri esplorare la realtà in un modo diverso. Potrebbe funzionare per te?

—Penso di sì

—Siamo fatti di abitudini, e queste si creano nel cervello tramite una serie di connessioni, che una volta create vanno in automatico, per questo quando prendi nuove abitudini all'inizio è uno sforzo mantenerle, perché la rete è ancora debole. Una volta creata, va rafforzandosi e non serve nemmeno che ci pensi, perché viene spontaneo. Però per eliminare un'abitudine devi sostituirla con un'altra, quindi se volete diventare la vostra versione migliore, dovete sostituirla con quella vecchia. E vi starete chiedendo come si installa quella nuova: con volontà e reiterazione. Dovete desiderarlo fortemente e ripeterlo quante più volte potete. Un buon esercizio è quello di entrare e uscire dalla vostra migliore versione a piacimento per allenarvi a una maggior sicurezza in voi stessi.

Quell'uomo aveva ragione, a volte ci vincoliamo a principi che ci imponiamo noi stessi e che ci impediscono di vedere le cose in un modo differente. Io notavo come l'aspetto di tutte le persone intorno a me fosse cambiato. L'espressione delle loro bocche, la luce nei loro occhi, era tutto più brillante. A me il cambio di versione fece sentire potente. L'organizzatore continuò a parlare:

—Da oggi dovrete:

1. Avere chiara in mente questa nuova realtà che volete vivere. Ora l'avete sperimentata in modo memorabile.

2. Con il rilassamento e la meditazione vi porterete a un punto zero per annullarvi, per non essere nessuna persona, in nessun luogo, in nessun tempo. Diventate il nulla assoluto, per poi tornare come osservatori.
Da quella posizione osservate la nuova versione che avete creato e vissuto con la chiarezza che ora possedete. Guardate la nuova realtà che vi apprestate a vivere come si trovaste in una realtà parallela.

3. Entrate dentro quella persona e integratevi con lei, fatela vostra vivendo la sua realtà a livello mentale, emozionale, tattile, sensoriale...

4 Rimanete in questa realtà e comportatevi come se ora fosse la vostra. Non date importanza agli elementi che vanno contro questa realtà. Non aspettate che questa realtà si manifesti, vivetela e basta, comportatevi come se già esistesse nel presente senza pensare a quello che ancora vi manca perché accada. Non dovete far altro che esprimere amore per questo nuovo essere.

»Con questa visualizzazione, con la formula VEDERE - SENTIRE - ESSERE, potete creare una realtà, desiderarla dentro di voi e sentirne il piacere nel momento presente. Nell'adesso. Se quello che volete è cambiare la vostra realtà, la formula si capovolge e passa a ESSERE - SENTIRE - VEDERE. Anzitutto bisogna vedere questa realtà che volete cambiare, sentirla chiaramente, con tutti i dettagli per uscirne e vederla da fuori, come se non ci appartenesse, dissociandosi da essa. Non dovete fare altro che scivolare nella realtà che più vi piace e provare a viverla in pienezza, con consapevolezza, senza paure o dubbi. Aiuta pensare che il mondo sia un ologramma e che potete giocare con le regole per vivere il vostro film come volete, e se in questa situazione succede qualcosa di imprevisto, che questo vi serva per imparare ed evolvere. Perché tutto ha un senso, il gioco è scoprire quale sia. L'idea alla base di questa visualizzazione è guidarvi verso le cose che desiderate e attirarle a voi, non vivere nella mancanza, ma sentirle realizzate per godere del presente con gratitudine.

»Ora faremo un passo avanti nella nostra evoluzione. Come già sapete, siamo tutti connessi e, anche se i nostri sensi ci fanno sentire indipendenti, siamo tutti parte di un Uno. Cosa succederebbe, allora, se abbandonassimo le nostre credenze limitanti per concentrarci su questa connessione? Beh, lo stesso che succede quando mischiamo l'acqua contenuta in due diversi bicchieri, cioè, quando vengono a contatto, diventa impossibile distinguerle o separarle. Il risultato sarà una miscela delle due. Con le nostre energie e abilità succede la stessa cosa.

»Vi faccio l'esempio di un caso reale, l'effetto Raikov. Durante la Guerra Fredda tra gli Stati Uniti e la Russia si volevano migliorare le abilità e gli schemi cognitivi dei soldati attraverso l'ipnosi. Per verificare questa teoria, I Russi mandarono a cercare una donna che era interessata a migliorare la sua abilità con il violino, nonostante fosse una principiante e non sapesse tenere bene l'arco e suonasse male diverse note. Gli psicologi la guidarono per raggiungere uno stato di rilassamento molto profondo e poi le chiesero che credesse di essere una famosa violinista che lei adorava, e che descrivesse il più dettagliatamente possibile la sensazione di suonare nei panni di quella grande artista. Dopodiché tornarono a guidarla, lentamente, per uscire dallo stato di rilassamento e le dissero di aprire gli occhi quando avesse assimilato i lati positivi di quell'esperienza. Per verificare i risultati, le chiesero che suonasse nuovamente davanti a una giuria di esperti: nessuno riuscì a credere fino a che punto avesse incrementato la sua abilità con lo strumento.

»Pertanto, credetemi, quello che faremo ora vi permetterà di aumentare le vostre abilità in soli pochi minuti. Potete scegliere qualsiasi meta vogliate raggiungere, per esempio aver più sicurezza in voi stessi, acquisire la mentalità e le convinzioni delle persone milionarie, perfezionare le vostre abilità professionali, migliorare in uno sport, essere fantastici scrittori... A tal fine, svolgeremo un altro esercizio di visualizzazione.

»Chiudi gli occhi e concentrati sulla tua respirazione. Riempi d'aria i polmoni e lo stomaco poco a poco, poi rilasciala gradualmente fino a espellerla del tutto. Ora visualizza una persona che ammiri molto, entra in connessione con le caratteristiche e abilità che più apprezzi in lei.

»Collegati profondamente con quell'abilità che ti affascina. Va bene qualsiasi cosa: la sua capacità oratoria, il suo modo di porsi, il suo brillante modo di essere... Con gli occhi ancora chiusi, alza lo sguardo lentamente, verso il tuo cranio, e rilassati. Nota come rallenta la tua respirazione. Visualizza quella persona di cui desideri tanto le abilità. Com'è? Respira profondamente e invia amore incondizionato dal tuo cuore al terzo occhio —situato fra le sopracciglia— per aprire il canale visuale e far sì che l'immagine di quel talento sia ancora più chiara.

»Con l'occhio della mente puoi guardare più da vicino e osservare come il tuo cuore inizi a espandersi e a sentire la gratitudine per quest'Essere divino. Lascia che questa gratitudine pervada tutto il tuo corpo e attira il suo volto verso di te prendendogli la testa fra le mani, mentre pensi al suo talento e alle ispirazioni che ne trai. Visualizzati sollevare quella testa e indossarla, come se fossi un cappello; ti fondi con lei e vi convertite in un unico essere. Senti come ti fondi con quell'Essere straordinario che ammiri e osserva che puoi cominciare a muoverti, agire e pensare come lui. Domandati: che pensieri ho?, come mi sento ora?, com'è trovarsi nel corpo di questo genio? Puoi ascoltare la sua voce, e tutto ciò che fai passa attraverso i suoi sensi. Sei capace di vedere ciò che lui vede, ascolta o tocca; puoi assaporare e percepire gli odori che lui sente. Ora sei pronto ad assorbire quest'abilità che tanto desideri e che ti permetterà di essere la tua versione migliore.

»Ripeti mentalmente: "Anche se non so come faccio a ricevere un talento del mio genio di riferimento, lo metto a disposizione del mio sistema per ottenere i suoi benefici a tutti i livelli del mio Essere. Tutto ciò che so è che è così, e mi basta. Cancello, cancello e cancello il sabotaggio del mio sistema che, in qualche modo, potrebbe impedirmi di riceverlo. Ricevo, ricevo e ricevo tutte le risorse e la focalizzazione di cui ho bisogno per essere congruente con la ricezione di questa capacità che voglio nella mia vita per il bene supremo mio, degli altri e di tutto il pianeta. Grazie, grazie, grazie".

»Mantieni viva quest'immagine. Adotta la sua postura, comincia a sorridere e a respirare come lei. Immaginati di essere il genio, sentilo e permetti che questa sensazione di potere si rafforzi ulteriormente. Al mio tre sarai pronto:

- Uno. Unisci e premi i tuoi pollici e indici e permetti che questa caratteristica che ammiri ti cresca in corpo per integrare questo talento.

- Due. Senti come cresce sempre più questa sensazione. È il segnale che questa caratteristica, che vuoi includere nella tua vita, è al culmine.

- E tre. Ora l'hai inclusa dentro di te. Guarda il tuo DNA mentre ti dici di sì. Percepisci che qualcosa si sta ricalibrando nel tuo sistema a un livello che non sai nemmeno come spiegare. Sfrutta questi pochi e lunghi secondi per ancorare, ancora una volta, sempre tenendo premuti pollici e indici, questa nuova abilità del genio che ora si trova dentro di te.

»Come ti senti adesso? Hai mischiato le tue energie con quelle della persona che ammiri e con la quale sei appena entrato in connessione. Hai creato questo legame e hai radicato in te quest'abilità, ora devi solo mettere in pratica ciò che hai scoperto ogni volta che vorrai. Lentamente, apri gli occhi e, facendo respiri molto profondi, torna alla realtà del qui e ora. Ora potete venire al centro uno alla volta per condividere la vostra esperienza e raccontarci che sensazioni vi dà questa nuova abilità.

Ascolta la visualizzazione *Effetto Raikov* su
https://www.danidimaggio.com/viaggio-interiore/

—Mi sento strano. Non avrei mai pensato che fosse possibile sviluppare dei talenti solo concentrandomi su di esse e facendo sì che l'energia di una persona entrasse in me. Non rientra nel mio modo di pensare —disse timidamente uno dei partecipanti.

—Per questo non funzionerà e non riuscirai a incorporarla, perché non ci credi e non apprezzi il potere di ciò che abbiamo appena fatto —gli rispose l'organizzatore—. Ogni cosa ha il valore che noi gli diamo a seconda delle nostre credenze. Non è vedere per credere, il nuovo paradigma ci dice che è credere per vedere. Se non crediamo, non potremo vedere quello che può esistere. Non ti chiediamo di credere a ciò che diciamo, ti stiamo solo invitando a sperimentare per vedere cosa funziona e cosa no.

Allora io decisi di condividere la mia esperienza:

—Ciao a tutti. Io non so se questa cosa funziona o no, però mi sento molto più vicino di prima a quell'abilità con cui sono entrato in connessione. Vi racconto: provo una paura assurda quando devo parlare in pubblico, e per lavoro spesso devo farlo. In quest'esercizio mi sono connesso con l'energia di un oratore che ammiro molto e ora mi sento meno timoroso. Non so cosa sia cambiato, pero mi vedo da un altro punto di vista.

—Ti piacerebbe farci un discorso in questo momento? Quello che vuoi, non importa il contenuto, parla di quello che ti va, solo per metterti alla prova —mi incoraggiò l'organizzatore.

Mi misi in piedi davanti a tutti, come se fossero il mio pubblico, e cominciai a presentare il mio progetto. Sentii che la sicurezza e il mio modo di esprimermi, audace e allegro, arrivava ai miei interlocutori. Quando terminai confessai che era la prima volta nella mia vita che presentavo in quel modo. Non avevo sentito il solito tremore nelle corde vocali e nelle gambe.

Cominciarono tutti a congratularsi e continuammo a parlare liberamente per condividere la nostra esperienza, come ci avevano invitato a fare.

Per scaricare l'energia accumulata durante la sessione, iniziammo a muoverci liberamente per poi metterci con i piedi saldamente piantati a terra, cercando di toccare il suolo con le mani e tenendo la fronte appoggiata sulle ginocchia. Cominciarono a suonare una musica e, man mano che il ritmo aumentava, notammo come l'energia che emanava dalla terra ci riempisse nuovamente. Dovevamo visualizzarci come un piccolo palloncino che, gradualmente, si riempiva d'aria. Io notavo come quell'energia mi saliva per le gambe, l'addome, il petto e le spalle, finché non mi arrivò alle braccia. Quindi sollevammo le braccia, ben in alto, mentre pestavamo per terra con i talloni e sentimmo il suo potere al massimo.

Da questa posizione, tutti insieme, cominciammo a eseguire una danza di potenziamento, compiendo questi movimenti di potere nelle quattro direzioni per poi tornare nuovamente al suolo. Ci spiegarono che quella danza rappresentava la vita, nella quale ci sono momenti di alta energia e altri in cui la nostra energia è molto bassa, ma l'importante è sapere come gestirla per poter risalire dal punto più basso e riprendere la nostra danza della vita.

Guarda la *danza di potere*
su https://www.danidimaggio.com/viaggio-interiore/

Il modo in cui concludemmo quest'esperienza fu straordinario. Sentii di essere profondamente cambiato e di trovarmi veramente a metà del percorso del tragitto del mio viaggio, e quindi lasciai quel luogo con un enorme sorriso.

LE EMOZIONI

Come d'abitudine, Magdan mi stava aspettando con ansia, ma, mentre camminavo verso di lui, giravo attorno al tema delle emozioni. La nostra vita viene confusa dalle emozioni che ci fanno vedere la realtà in modo differente. Avevo letto che ci sono molti modi di gestire le emozioni, ma che non si può fare con la mente, perché queste nascono dall'anima e non dal cervello. Ci sono anche delle sensazioni che sorgono spontaneamente e provarle è così bello che non è importante come le gestisci.

—Magdan, tu che ne pensi delle emozioni?

—Le emozioni ci mantengono vivi e il giorno in cui le elimineremo saremo gli esseri più infelici di questa Terra e smetteremo di portare a compimento il nostro incarico principale: sperimentare la realtà terrena. Molte scuole ti insegnano che bisogna sempre essere felici, ma i sentimenti di tristezza sono unici per arricchire il tuo apprendimento. Devi solo prendere coscienza dell'emozione che vivi e custodirla nel tuo cuore perché possa germogliare il seme che ti porterà a una vita piena. Non vedi che la vita di coloro che non hanno problemi a volte è vuota? I problemi e gli ostacoli sono il sale, sono quello che racconti ai tuoi amici con maggior passione, perché il tuo vero Io si compiace nel superare ogni passo. È importante sapere che sono parte dell'amore e, come tali, devono essere accettati col cuore. Se disponi su un cerchio tutti i colori del mondo e li fai girare velocemente, l'unico colore che vedrai sarà il bianco. —Questo è l'amore. Contiene tutto dentro di sé. Accogliere tutti i sentimenti è amare la vita. Non sarai sempre felice, ma sarai sempre innamorato. Questo è ciò che la vita ha di più speciale.

Anche io avevo sempre pensato che lo scopo della vita fosse essere felici, ma ora sapevo che, persino quando ero triste e volevo piangere, potevo conservare la pienezza del mio spirito, perché tutti i colori erano contenuti nel bianco, perché tutte le emozioni appartengono all'amore.

All'improvviso mi resi conto che dovevamo prendere l'autobus per andare all'aeroporto, quindi andai immediatamente in camera a lavarmi i denti, prendere la valigia e riprendere il viaggio. Desideravo raggiungere la nuova fermata di questo viaggio che, poco per volta, mi stava trasformando.

Quarto chakra:
la città di Glastonbury

«C'è una porta che mette in comunicazione i primi tre chakra —la parte più terrena— con gli ultimi tre che rappresentano la parte più spirituale del nostro Essere. Per mezzo di questa porta il tutto si espande e accadono i miracoli. Questa è la porta dell'amore universale che tutto può».

MAGDAN

La nostra avventura stavolta ci portava in Inghilterra, il che mi riportò alla mente i bei ricordi degli anni in cui stavo ancora decidendo cosa fare della mia vita. Dopo i miei studi universitari, sebbene i miei genitori non fossero d'accordo, me ne andai a Londra con la scusa di migliorare il mio inglese e di godermi il tempo libero che potevo prendermi prima di cominciare a lavorare. Ripenso sempre alla mia avventura a Londra con un sorriso, perché lì mi sentii libero come un esploratore che ogni giorno scopre cose interessanti. Tuttavia, molto a malincuore, il nostro tragitto non includeva Londra.

Ci stavamo dirigendo verso Glastonbury, uno dei punti dov'è situato il quarto chakra della Terra, il cuore del pianeta, l'altro è

Shaftesbury. Durante il viaggio in autobus passammo davanti a Stonehenge, un luogo con un'energia molto potente. Io avevo sempre sognato di visitarlo, me lo ero immaginato enorme e maestoso, ma a dire il vero, ora che lo vedevo con i miei occhi mi sembrò quasi una miniatura.

Ero felicissimo, perché qui avrei lavorato sul chakra dell'amore. Mi aspettava un grande sforzo perché era da molto tempo che non avevo storie che mi facessero sentire amato, quindi ero certo di avere un qualche tipo di blocco che non mi permettesse di amare o di far sì che mi amassero.

Non appena arrivammo a Glastonbury, percorremmo il centro visitando dei bei negozi dove vendevano pietre, fate, gnomi... Era tutto molto verde e mi sembrava di far parte di una favola per bambini. Si respirava una pace incredibile. Vedevo la gente calma, sorridente, gentile. Decidemmo di riposarci un po' e andammo in un caffè; lì, seduti l'uno di fronte all'altro, Magdan iniziò a svelarmi alcuni dettagli di ciò che mi attendeva.

—Sai già che qui dovrai lavorare sul quarto chakra, Anahata, che è il chakra del cuore. È legato al colore verde e si trova al centro del petto. È collegato alle relazioni, il diritto ad amare e perdonare, la compassione, l'autocontrollo e l'accettazione di sé stessi. Quando si trova in squilibrio, ci sono disordini respiratori, dolore al petto, alta pressione sanguigna, tensione muscolare, problemi del sistema immunitario e tumori al seno o al cuore. Qui lavorerai sull'amore e la compassione verso te e verso gli altri, perché per poter amare gli altri per prima cosa devi essere pieno d'amore per te stesso. Ricorda che il quarto chakra è la porta tra i primi tre, più legati alla vita empirica, e gli altri tre, che sono maggiormente connessi con la nostra esperienza spirituale. Qui lavorerai sui tuoi pensieri limitanti.

—Beh, ce n'è uno in particolare che mi preme: sono incapace di affidarmi agli altri o di chiedere aiuto. Faccio sempre tutto io, è come se volessi fare tutto da solo per non disturbare gli altri.

—Pensi davvero di poter fare tutto senza aiuto? E anche se fosse, non pensi che affidarsi ad altre persone esperte nel loro campo sia la scelta migliore per il tuo progetto? Non credi che il piacere sarebbe più grande? O magari la verità è che ciò che vuoi è dimostrarti indipendente, capace, potente? Dani, lo sei già, non serve dimostrarlo, quindi smetti di pensare che sei indispensabile in tutto e affidati agli altri. Affidarti ad altri ti rende grande perché riconosci la grandezza e le passioni degli altri.

Aveva ragione, avevo bisogno di cambiare quel pensiero limitante, e questa era l'occasione perfetta per farlo. Lasciamo il caffè e riprendemmo la nostra passeggiata per le strade di Glastonbury. Era un luogo ricco di leggende, come quella dell'origine del Mago Merlino, quella secondo cui li si trovava la mitica isola di Avalon, quella che raccontava come Giuseppe d'Arimatea nascose il Santo Graal nella città. Le strade di Glastonbury sono tipicamente inglesi, ma sono infestate di negozi e librerie esoteriche con nomi che richiamano alla mitologia o alla magia. Lì lo strano e il soprannaturale erano la normalità.

Io ero così affascinato che volevo visitare tutti quei luoghi, così quando fu stanco Magdan mi lasciò proseguire per conto mio. Dopo aver visitato il pozzo del calice (le rovine della cattedrale dove si crede che il Santo Graal giaccia nascosto) entrai in un negozio e mi persi nello sfogliare libri mentre, in sottofondo, suonava una musica che evocava voci sublimi e suoni naturali. In particolare, attirò la mia attenzione un libro sulla Dea e, mentre ne sfogliavo le pagine, dal nulla apparve una ragazza che mi chiese del mio interesse sull'argomento.

—In realtà non avevo mai sentito parlare della Dea, per questo ha attirato la mia attenzione. —Chi è?

—Dea è il volto femminile del divino. È la fonte di tutto, è la terra e il cielo. In un tempo compreso tra 4000 e 5000 anni fa, la Dea era onorata in tutte le isole britanniche, beh, e in tutto il mondo. Quasi tutte le rovine risalenti al neolitico che sono state trovate sono dedicate a una Dea antica. Ma con l'instaurazione delle culture patriarcali perdemmo il contatto con lei perché eliminarono il culto della terra. Qui troviamo la Dea nel paesaggio, nella forma delle sue colline e valli. Se osservi queste colline dalla pianura, puoi vedere le forme di una gigantesca donna stesa a terra di spalle.

»La Dea è dappertutto, ma Glastonbury è un sito di pellegrinaggio storico perché c'è qualcosa di possente nell'energia del luogo. La coscienza dell'esistenza della Dea è stata recuperata pressappoco negli ultimi 20 o 30 anni, e molta gente, specialmente le donne, sono chiamate a venire qui per ricordarla ed essere le sue sacerdotesse.

—Che cosa interessante. Tu hai vissuto qualche esperienza con loro?

—Sì, sono appena arrivata dall'Irlanda per sperimentare e vivere quell'energia. Le Goddess (così le chiamano) usano canzoni e danze molto antiche per entrare in contatto con le energie della natura, condividerle con loro è stata un'esperienza incredibile per me. Sono abbastanza in sintonia con la natura, ma un giorno, durante uno dei loro cerchi magici, mi sentii trasportare fino a provare una potente sensazione di leggerezza e libertà. Ho sempre avuto paura di queste situazioni che non possono essere spiegate razionalmente, ma, sebbene normalmente mi sarei spaventata, mi sentii guidata perché non era il mio corpo quello che viaggiava, ma il mio spirito. E tu che fai da queste parti?

Allora cominciai a raccontarle del mio viaggio interiore attraverso i chakra, delle mie prime esperienze d'iniziazione fino a quel momento e che ero venuto fin lì per aprire il quarto chakra, quello dell'amore della Terra.

—Wow! E dove ti sottoporrai a questa iniziazione?

—Non ne ho la minima idea. Mi guida un amico che si chiama Magdan, è una persona molto speciale. Mi sta accompagnando in un cammino di crescita e mi ha convinto a lasciare il mio lavoro e la mia routine giornaliera per imbarcarmi in questo viaggio senza ritorno, dal quale tornerò come una persona diversa; in effetti, mi sento già diverso.

Dopo aver conversato per un po', Sheila e io ci scambiammo i nostri numeri di telefono allo scopo di rivederci per prendere un caffè. Sheila era una ragazza molto semplice e dalla pelle delicata, con occhi azzurri e vivi e capelli castani che diventano rossicci a seconda di come si rifletteva la luce. La sua presenza piacevole e il modo di parlare e di guardarmi mi avevano profondamente affascinato, fino al punto di risvegliare in me sensazioni che erano ormai dormienti da un po'. Erano gli effetti della terra dell'amore? Mi sentii forte, pieno di allegria, amore e gratitudine verso questo luogo, per tutta la sua storia e atmosfera.

LA CERIMONIA DEL QUARTO CHAKRA

Il mattino seguente io e Magdan ci riunimmo e ci dirigemmo dove si sarebbe svolta la cerimonia di iniziazione del quarto chakra, una specie di caverna sotterranea dove scorreva l'acqua e tutti noi partecipanti restavamo in silenzio. Come sempre ci consegnarono una lettera e stavolta, oltre ad essa, una maglietta bianca e un pennarello. L'atmosfera che si creò, con noi tutti vestiti di bianco che brillavamo nella tenue luce della caverna era ancora più magica di prima.

Molti ricordi sorgono dalla memoria del cuore. Molte sono le esperienze che ti hanno fatto essere così meraviglioso, quindi non giudicare te stesso e non giudicare le esperienze del passato, sii grato a ognuna di esse. Filtrale attraverso le esperienze del tuo cuore, che conserverà solo la parte necessaria per la tua evoluzione. Sentile come i tratti delicati di un artista che dipinge con le sue mani tutte le emozioni sulla tela della vita. Tenerezza, idillio, amore, speranza di una scoperta, felicità che ti fa ringraziare di esistere. Ringrazia per l'allegria di avere una vita in comune, per sapere che tutto è reale, vivo, ardente, e che sei capace di rinnovare la tua mente con pensieri adulti, maturi e sublimi, affinché prenda coscienza di essere una goccia di questo grande oceano che è la vita. La tua vita, la nostra.

Una voce angelica cominciò a cantare e, per via della forma del luogo e della presenza dell'acqua, le onde sonore mi giungevano da tutte le parti e sembrava che mi stessero cantando dentro le orecchie. Dopo questo benvenuto, una donna molto sicura di sé e con una voce aperta e pulita iniziò a spiegarci l'attività.

—Benvenuti ad Avalon, la terra del cuore. Se ti trovi qui è perché hai deciso di aprirti alla più grande energia che possa esistere nell'universo: l'amore.

»Amare è l'azione che risolve tutti i conflitti esistenti, ma bisogna sapere come funziona quest'incredibile energia. Per poter dare, devi prima essere pieno, e se non c'è amore dentro di te non puoi trasmetterne agli altri. Per questo cominceremo lavorando sull'amore verso noi stessi e sulle credenze limitanti che ostacolano la libertà di amarci.

»Ora concentrati su queste dichiarazioni che continuano a ronzare nella tua mente. Sì, quelle a cui non riesci a smettere di pensare e che stanno limitando le tue possibilità: "Non sono capace…", "Non posso…", "Non riesco a fare…", "Non posso permettermi…", "Dovrei essere più...", "Non sono buono a...", "Non merito...", "Non mi sento in condizione di...". Quanti pensieri che ti limitano, vero? Scegline uno, il primo che ti passa per la testa. Ora diverrai un testimone esterno del tuo pensiero. Ascoltalo: com'è strutturato?, si esprime in forma negativa?, stai pensando, per esempio, "Non sono in grado di attrarre il mio o la mia partner ideale" o "Sono un disastro al lavoro"? Trasforma questa convinzione limitante in una potente, per esempio: "Sono un magnete naturale capace di attrarre la mia metà ideale" o "Eccello nel mio lavoro". Converti il tuo pensiero limitante originario, qualunque esso sia, in un pensiero positivo scegliendo attentamente le parole, perché devi conferirgli entusiasmo. È tutto nelle tue mani e proprio in questo preciso momento può accadere qualcosa di magico. Fa che accada. Hai chiaro in mente il tuo pensiero potenziante? Apri gli occhi e, con il pennarello che ti abbiamo dato all'inizio, scrivi la tua nuova convinzione sulla maglietta perché ti resti impressa sul corpo e nella mente.

»Ora, con i piedi ben piantati al suolo e con le gambe aperte all'altezza dei fianchi, senti come l'energia della terra ti sale lungo i piedi e ti arriva fino all'ombelico, bruciando in una fiamma sempre accesa. Per interiorizzare questa nuova convinzione nel tuo corpo, ora compiremo tre passi:

- Uno. Portati le mani alla fronte e dì a voce alta la tua nuova frase potenziante. Poi, ripetete tutti insieme "Io posso" sette volte.

- Due. Portati le mani al cuore, rafforza il gesto dicendo la frase potenziante e ripeti sette volte "Io voglio".

- E tre. Mettiti le mani sulla parte inferiore dell'addome e ripeti quella frase potente per l'ultima volta. Dopodiché dite sette volte tutti insieme: "Io me lo merito".

»Cominciamo!

Ascolta la visualizzazione *Io posso, io voglio, io me lo merito* su https://www.danidimaggio.com/viaggio-interiore/

Decisi che la mia credenza limitante era quella che avevo detto a Magdan il giorno precedente, la mia difficoltà ad affidarmi agli altri. Ero sempre stato molto testardo e avevo voluto riuscire a far tutto senza l'aiuto di nessuno, in parte perché richiederlo avrebbe significato disturbare o essere di peso, e non vedevo il mutuo arricchimento che c'è nel collaborare. Ma la verità è che ero fermamente convinto che nessuno potesse farlo meglio di me, per cui finivo sempre per fare enormi sforzi senza il punto di vista esterno che mi avrebbe aiutato ad ottenere risultati eccellenti. Io volevo essere un supereroe, quindi la frase che dissi a me stesso fu: «Con l'aiuto degli altri ottengo risultati migliori», il che significava che avrei sempre coinvolto altre persone nelle cose importanti, perché potessero fornirmi il loro punto di vista, farmi vedere cose che io non avrei visto e persino darmi una mano per ottenere migliori risultati. Però, quando arrivò il momento di dire «Io voglio» notai come mi venivano le lacrime e che la gola mi si chiuse fino quasi a impedirmi di parlare. Alla fine, grazie al potere del gruppo riuscii a continuare fino alla fine.

Quando l'esercizio terminò, cominciammo ad abbracciarci tra di noi. Sembrerà una sciocchezza, ma una pacca sulla spalla da una persona sconosciuta ti dà coraggio e ti riempie d'energia.

—Ora dovrai essere convincente. Mettiti davanti a una persona e dille la tua frase potenziante fino a convincerla. Una volta raggiunto l'obiettivo, cerca un nuovo compagno e fallo di nuovo.

L'esperienza fu molto particolare perché quando cominciavo a dirlo il sorriso della persona che avevo di fronte bastava per sapere che non la stavo convincendo, il che mi portò ad essere più consapevole del fatto che da quel momento in poi, avrei dovuto condividere di più con gli altri.

Una musica soave e tranquilla ci distolse dai nostri pensieri per introdurci al passo successivo del rituale.

—Chiudi gli occhi, senti il tuo respiro, portati una mano al cuore ed ascolta il suo ritmo. Fino ad ora hai stabilito contatti con altre persone attraverso lo sguardo, le mani e i movimenti del corpo. Ora lascia che sia il battito del tuo cuore ciò che ti culla e ti guida verso l'Uno.

»Lascia che il tuo corpo si muova con piccole oscillazioni rispettando il ritmo del tuo cuore, finché questo non ti mostrerà che è il momento di esplorare lo spazio e il mondo degli altri. Non puoi usare le mani, queste ti serviranno solo per orientarti, quindi ogni volta che entri in contatto con qualcosa lo farai col cuore, appoggiando il tuo petto a questo qualcosa, ascoltando la vibrazione che ti trasmette e l'emozione nella quale si trasforma. Quando sei pronto, puoi lasciare che un altro cuore si appoggi al tuo e insieme ascolterete i loro ritmi all'unisono. Sii conscio del fatto che questo significa che dovrai lasciar entrare altre persone nel tuo spazio, e uscire dalla tua zona di comfort.

»Sei pronto a lasciare che i tuoi scrupoli spariscano? Sei pronto ad abbandonare il tuo ego e la tua convinzione che dobbiamo essere separati? Sei pronto ad accettare la meravigliosa realtà che quest'esperienza ti porterà? Sei disposto a diventare un tutt'Uno con gli altri? Che aspetti? Esprimi tutte queste meravigliose emozioni. Condividi con gli altri la convinzione che ora sei una parte del noi, che tutti siamo Uno, e dì loro con voce chiara: "Sí, lo merito".

Questo esercizio coinvolse in parti uguale il corpo, la mente e le emozioni. Lavorammo sul pensiero per concentrarci, ma dovemmo anche accettare che gli altri invadessero il nostro spazio vitale. Io potei sperimentare il potere dell'accettazione e l'apertura al pensiero che eravamo Uno.

Poi ci chiesero di formare una sorta di corridoio mettendoci uno di fronte all'altro perché, a turno, uno ad uno e con gli occhi bendati, lo percorressimo per poter sentire il linguaggio dei nostri cuori. Ognuno doveva passare per il centro, alla cieca, ma guidato dagli altri, e quando passando davanti a qualcuno sentivi il messaggio del tuo cuore, potevi sussurrarlo all'orecchio della persona.

Quando fu il mio turno ricevetti frasi così speciali e significative che mi chiesi come queste persone, senza quasi conoscermi, sapessero così tanto di me, ma fu altrettanto intensa l'emozione di essere io a sussurrare le frasi agli altri, guidato dal mio cuore.

Terminammo abbracciandoci per ringraziarci e uscii da quel luogo così magico rinvigorito nella mia nuova convinzione di fidarmi delle persone che mi circondavano, così, senza esitare, chiamai Sheila per invitarla a cena.

Magdan e io tornammo a casa per farci una doccia e pensare a tutte le esperienze che avevo vissuto quel giorno. Sebbene mi aspettasse sempre all'uscita delle cerimonie, sapendo che smuovevano tante cose dentro e che avevo bisogno del mio spazio, non mi parlava, ma a me bastava anche solo la sua compagnia.

Dopo essermi rilassato per un po' mi sentii incredibilmente leggero, fu allora che Magdan mi chiese dell'incredibile esperienza che avevo vissuto e uscimmo per fare una passeggiata in città.

TERZA PARTE · IL VIAGGIO DI TRASFORMAZIONE

IL CAOS E L'ORDINE

Camminammo verso l'antica cattedrale diroccata, che doveva essere stata un'opera d'arte davvero magnifica. Ma cos'era l'arte? Magdan rispose:

—Ti ho già detto una volta che io ritengo che l'arte sia il nutrimento dell'anima. Per me non può essere definita dalle parole. Tutto può essere considerato arte quando esprime un sentimento che un'altra persona può decifrare per ottenere un'emozione.

»Un'opera può durare secoli e la sua immutabilità trasmette un messaggio alle diverse generazioni, per questo è importante proteggerla dai danni del tempo. Se ci pensi, l'ordine naturale delle cose è tendere al caos, al disordine. Se smetti di curare un giardino per un po', lo ritroverai disordinato e pieno di erbacce. Tutto ciò che viene trascurato si trasforma e tende al disordine in modo naturale, per questo solo le cure e l'attenzione dell'essere umano possono garantire che qualcosa si mantenga in buono stato il più a lungo possibile.

Il suo modo particolare di vedere il disordine mi diede da pensare e mi lasciò con molti dubbi, perché in tutti i processi c'è un punto nel quale dall'ordine totale ci muoviamo verso il caos totale. Per esempio, un fiore cresce, sboccia, diventa splendido per natura, però c'è un punto in cui i petali cominciano a perdere tono e cadono, perché subisce questo cambiamento?, perché mutiamo verso il caos? Se tutto si muove verso l'evoluzione, la perfezione, l'espansione, perché torniamo indietro? Cosa innesca questo meccanismo? È qualcosa che possiamo controllare? Mi persi in queste domande senza risposta.

Riprendendo l'affascinante questione dell'arte, chiesi a Magdan che mi raccontasse la storia della distruzione di quella cattedrale.

—Durante lo scisma della Chiesa di Roma, Enrico VIII chiese a diverse abbazie se volessero seguirlo o se desiderassero restare fedeli alla Chiesa di Roma. L'abate della cattedrale di Glastonbury, sapendo cosa lo attendeva in caso di rifiuto, inviò la comunicazione che accettava di seguire il re, ma non arrivò in tempo, cosicché Enrico VIII ordinò di distruggere la cattedrale e di uccidere l'abate.

IL GIOCO DELLA VITA.

Tornai a pensare ai resti della cattedrale e cominciai a pensare alla morte di tutte quelle persone innocenti che erano state coinvolte senza alcuna colpa, quindi chiesi a Magdan cosa ne pensasse della morte.

—La morte non esiste, è solo uno stato transitorio di trasformazione. Siamo in costante evoluzione e la morte decreta solo il passaggio di un cambiamento di stato. La gente piange e si dispera perché pensano che la vita li abbia privati di qualcuno, e in realtà non capiscono che la morte arriva quando la persona lo decreta, consapevolmente o non. Niente è casuale. Per questo motivo non dobbiamo essere tristi di fronte alla morte, se sei consapevole che tutto scorre in armonia con la coscienza divina sai che il nostro corpo è semplicemente un mezzo e che i ricordi, felici o tristi, marcano la nostra esperienza e ci uniscono in spirito. La maggior parte delle persone pensano alla perdita in modo egoista, concentrandosi sul dolore di vivere senza quella persona che era parte delle loro abitudini giornaliere. Nessuno è indispensabile su questa terra e la vita continua sempre. In effetti, io mi concentrerei sul piacere di conoscere gente e condividere momenti. Inoltre, ringraziarle per quello che hanno rappresentato nelle nostre vite e lasciarle libere nel loro cammino di evoluzione è un piacere. La tragedia in sé esiste solo per i vivi, è creata dalla mente.

—Scusa, ma allora la tragedia di un incidente aereo, per esempio?

Magdan rise e rispose:

—Corrispondenza di volontà di vivere un'esperienza di transizione e trasformazione.

Rimasi senza parole. Tuttavia, la mia mente non era pronta a questo tipo di pensiero, io non riuscivo a vedere la morte in modo così giocoso e allegro come Magdan, quindi, come per scherzare, gli dissi:

—Quindi è tutto un gioco?

—Dici bene. La vita è un gioco. Siamo noi quelli che le attribuiamo una connotazione seria o dura con la nostra mente. Noi la trasformiamo in tragedia, ma la vita è salute, allegria, entusiasmo. È salute perché per esprimersi è importante che i mezzi d'espressione funzionino bene. È allegria perché è una delle energie più efficaci che esistano, perché unisce ed è contagiosa. È entusiasmo perché sei un'espressione della tua divinità in ogni momento, in ogni gesto, in ogni parola, in ogni pensiero. Dimmi se tutto ciò non può essere un bel gioco. La vita è un carosello dove hai momenti di paura e momenti di divertimento, ma fa tutto parte del gioco.

Ora capivo perché Magdan non fosse mai triste, per lui tutto scorreva secondo la coscienza divina.

All'improvviso mi ricordai dell'appuntamento con Sheila e mi resi conto che si era fatto tardi, invitai Magdan a unirsi a noi, ma mi disse che aveva voglia di continuare a passeggiare e che ci avrebbe raggiunto più tardi.

La cena fu molto piacevole, fra una portata e l'altra Sheila mi raccontò la sua storia, e condividemmo molti aneddoti e passioni comuni. Io le parlai della mia amicizia con Magdan e sembrò molto interessata a conoscerlo, ma alla fine Magdan non si presentò. Il tempo passò volando. Lei mi disse che doveva andare a casa perché la mattina dopo, molto presto, sarebbe andata a Londra. Ci salutammo con un abbraccio pieno di gratitudine per aver avuto l'opportunità di condividere quelle esperienze così belle.

Quando arrivai in camera per dormire Magdan era già nel letto, così cercai di non svegliarlo. Quel giorno mi aveva arricchito moltissimo e mi sentivo molto soddisfatto.

L'ESSENZA

Il giorno dopo mi alzai molto presto, pieno d'energia. Magdan era già sveglio e leggeva sulla sedia vicino alla finestra. Visto che erano già quasi le otto, decisi di fare una sorpresa a Sheila recandomi alla stazione degli autobus per fare colazione con lei, e chiesi a Magdan che mi accompagnasse perché Sheila aveva molta voglia di conoscerlo.

Per strada gli parlai di lei e di quanta intesa ci fosse fra noi. «È un'anima pura», gli dissi.

—E cos'è l'anima per te, Dani? —mi chiese.

—Non so. Qualcosa di intangibile? Una sorta d'intelligenza nascosta dentro di noi.

—L'anima è la vera essenza di una persona. È come l'energia che attraversa una lampadina per fare luce. L'anima ci permette di brillare, contiene le informazioni più importanti su di noi e apre i nostri occhi a tutta una serie di misteri che la realtà nasconde o che il nostro corpo non ci permette di cogliere, per la limitatezza dei sensi. Intorno a noi gira un mondo misterioso che possiamo apprezzare solo —e lo facciamo parzialmente— per mezzo dell'anima. Dobbiamo scoprire la nostra essenza per comprendere le sue necessità, sostenerla e vivere seguendo i suoi suggerimenti. L'anima non ti mentirà mai.

»Uno dei modi migliori di dialogare con l'anima è la meditazione, che dovrebbe diventare un'abitudine. Dedicare del tempo a te stesso è importante, in effetti, è la cosa più importante che possiamo fare. E che facciamo? Pensiamo che sia solo una perdita di tempo. La gente sta perdendo contatto con il suo Io superiore e per questo sempre più persone si sentono perse lungo il cammino, ascoltano gli amici, colleghi e professori... chiunque possa suggerire loro una soluzione, ma non seguono ciò che suggerisce loro l'anima. Se dipendesse dal nostro ego, sceglieremmo tutti situazioni molto comode e serene. Ma la nostra anima pianifica tutto perché possiamo imparare, per questo, ogni volta che ci succede qualcosa, dobbiamo chiederci cosa dobbiamo apprendere da quella storia per far sì che non succeda di nuovo. Non c'è bene o male, non c'è fallimento, ci sono solo le possibilità di ricordare cosa siamo in realtà. E dobbiamo essere pronti a viverle con uno spirito di accoglienza e umiltà, chiedendo al nostro spirito di assisterci in questo viaggio di comprensione, convertendoci in uno strumento dell'espressione divina del nostro Essere superiore.

Ora tutto aveva senso. Ogni volta che avevo problemi pensavo che qualcuno mi volesse male, ma in realtà non era così. Era la mia anima che voleva sperimentare, uscire dalla tranquillità. Che grande rivelazione avevo ricevuto! Ora la mia vita aveva un senso nuovo.

Giungemmo alla stazione e cercai l'autobus per Londra, Sheila era già seduta al suo posto accanto al finestrino. Quando mi vide mi salutò, molto contenta, Magdan e io la salutammo, ma non ci fu tempo per nient'altro. Fu un peccato, perché lei voleva conoscere

Magdan, però, anche se non avevamo avuto occasione di parlare, almeno aveva potuto vederlo. Forse una volta terminato il nostro viaggio saremmo potuti passare da Londra per raccontarle l'esperienza dal vivo.

Quando l'autobus partì, Magdan e io andammo a fare colazione e cominciammo a pianificare la tappa successiva. Ora ero ansioso di sapere cosa mi attendeva.

Quinto chakra:
la Piramide di Cheope

«Puoi percorrere migliaia di strade per camminare sulla terra, ma solo una ti porta alla luce, perché è solo una la fonte da dove tutto si espande. Riconoscere la grandezza del tuo Essere ed esser capace di esprimerla è la cosa migliore che possa fare in questa vita. Ne hai il coraggio?».

MAGDAN

Quando seppi che la prossima tappa era in Egitto, mi emozionai tantissimo, non solo perché era un luogo misterioso che mi aveva sempre affascinato, ma anche perché era il paese di nascita di Magdan e io volevo sapere qualcosa di più sulle sue origini. Non appena mettemmo piede a El Cairo ci dirigemmo alle piramidi di Giza, dove avrebbe avuto luogo il rituale, così chiesi a Magdan che mi parlasse della sua terra:

—L'Egitto fu un grande impero, la terra dei faraoni, ma poco a poco ha perso tutta la gloria del passato. Questa terra per me riassume il modo di esprimere la grandezza dell'Essere, di quell'essere umano divino capace di muovere montagne e mari per proclamare la sua grandiosità.

»Dei faraoni succedevano ad altri, cercando sempre di lasciare un segno ancora più profondo del loro potere tramite nuove conquiste, nuove costruzioni, persino nuovi culti che li rendessero immortali, almeno agli occhi dei sudditi. La storia insegna che, presto o tardi, questo potere temporale basato sull'ego dell'essere umano trova la sua fine.

—Mi è chiaro che è una terra di luci e ombre, ma mi chiedo: perché esiste l'oscurità, e ora più che mai?

—Oggigiorno pensiamo che ci sia più oscurità perché veniamo a conoscenza di un numero sempre maggiore di cattive notizie, ma non è che prima non ce ne fossero, solo che ora vengono alla luce più facilmente, e questo ci fa pensare che all'improvviso tutto il mondo stia impazzendo. In realtà è tutto il contrario, c'è più luce che mai. Pensaci: se in un magazzino hai una piccola lampadina, vedrai solo una parte del disordine che c'è, ma se metti una luce più forte vedrai più disordine; non è che prima non ci fosse, è che non lo vedevi tutto.

—Ed è vero che l'oscurità è più potente della luce?

—Per niente, perché l'oscurità non esiste, esiste solo l'assenza di luce. Io non ho mai visto un'ombra affrontare la luce e vincere. Infatti, se ti chiedo di darmi ombra non potrai, potrai solo togliermi la luce.

La sua riflessione mi rese cosciente del fatto che avevo la responsabilità di agire di conseguenza, perché avevo visto ciò che c'era e non potevo più ignorarlo. La mia unica opzione era passare all'azione, schiarire, ordinare e pulire. Immerso nei miei pensieri, mi accorsi che stavamo arrivando alla meseta di Giza. Magdan continuò, parlandomi del quinto chakra.

—Il quinto chakra si chiama Visuddha ed è il chakra della gola. Il suo colore è l'azzurro ed è legato alla comunicazione, la capacità di dare fiducia, la lealtà, l'organizzazione e la pianificazione. Se in squilibrio, può portare a problemi alla tiroide, le amigdale, la bocca, la mandibola, la lingua, il collo o le spalle, nonché febbre, raffreddori e infezioni. Per la sua relazione con la voce della Terra e la capacità di ascoltare, qui lavorerai sulla comunicazione.

»Molti pensano che comunicare significhi parlare, ma solo il 7 % della nostra comunicazione dipende dalle parole, il 55 % è non verbale (le espressioni facciali e il linguaggio corporeo) e il restante 38 % è paraverbale (il timbro, la tonalità, il volume, il ritmo, il silenzio…). È quindi molto importante esplorare i modi che abbiamo per esprimerci e comunicare in modo efficace. Bisogna cominciare con la comunicazione con sé stessi, col modo in cui ci parliamo e i termini che usiamo nel nostro dialogo interiore, e poi vedere la maniera in cui comunichiamo con gli altri.

Una volta giunti alla necropoli di Giza, delle persone ci guidarono fino alla piramide di Cheope, la cui visione non lascia indifferenti. La Grande Piramide di Giza, costruita fra gli anni 2580 e 2560 a.C., è l'unica delle sette meraviglie del mondo antico che, tutt'oggi, è ancora in piedi, sebbene il passare dei millenni, i terremoti e i saccheggi l'abbiano privata del suo regale rivestimento e della sua cuspide. La precisione millimetrica della costruzione è incredibile.

Gli ultimi turisti stavano uscendo e proprio lì, sulla porta d'accesso, il resto del gruppo aspettava, così, una volta che ci confermarono che potevamo passare, salutai Magdan.

LA CERIMONIA DEL QUINTO CHAKRA

Entrammo nella camera interna. Per raggiungerla è necessario attraversare una stretta galleria —non adatta a chi soffre di claustrofobia— che terminava in una sala molto grande e quasi vuota, poiché c'era solo un sarcofago di pietra. Ci disponemmo in cerchio intorno a una passerella centrale e lì leggemmo la tradizionale lettera di benvenuto.

Sei cosciente di tutto ciò che ti è stato dato, di tutta la bellezza che ti circonda? Sei un Essere divino, una parte essenziale dell'Uno, eppure spesso ti senti una cellula insignificante che gira senza scopo e che vive una vita che è già stata pianificata, con emozioni estreme che consideri pericolose. Siamo tutti figli dello stesso Dio, ma spesso finisci per trovare il senso della vita nella tua individualità e cerchi di distinguerti per sentirti meglio o per essere accettato.

Forse sei confuso e ti sembra che ciò che hai dentro sia profondamente diverso da ciò che si vede da fuori. Tu stesso ti sei costruito questa gabbia dorata.

La verità è che la tua coscienza crea una connessione con te stesso e con gli altri, e seguendo il flusso di questo processo entri nell'abbondanza, nella grazia. Accetta tutto quello che l'Universo ti dà come unico, perfetto e meraviglioso. Ricevere è la parte complementare al dare. La tua percezione li converte in due cose distinte, ma sono un unico atto del cuore.

Preparati a ricevere quello che hai chiesto. Credi nel potere delle parole per far sì che le cose accadano? Credi che i tuoi obiettivi diverranno realtà? Accetta solo quello che ti convince profondamente, perché solo tu hai la capacità di mostrare ciò che sei e ciò che hai dentro. Esprimi il tuo punto di vista, aiuta gli altri a capirti e amarti per ciò che sei, non è voler cambiare gli altri, ma solo dire cos'è vero per te. Affermare la tua verità ti rende libero.

Mentre leggevamo, comparve dal nulla un personaggio vestito come un antico saggio e cominciò a presentarci il lavoro del quinto chakra, che ci avrebbe permesso di esprimere il divino interiore.

TERZA PARTE · IL VIAGGIO DI TRASFORMAZIONE

—Benvenuto. Il viaggio di trasformazione ti ha portato fin qui. Sei pronto a dare voce al tuo corpo e alla tua anima, in modo che siano finalmente libere di esprimere la tua versione migliore? Questa è la tappa più importante, perché riunisce tutto quello che hai scoperto e vissuto fino ad oggi per dar vita all'Essere speciale che sei.

»Per cominciare, effettueremo una respirazione lenta e profonda che ti aiuterà a concentrarti e ad aver fiducia in te e nell'universo. Abbiamo creato questa passerella al centro perché, quando sarà il momento, possa esprimere l'Essere divino e meraviglioso che sei, finalmente libero da tutte le credenze limitanti. Tutti gli altri, disposti lungo la passerella, onoreranno l'Essere divino che sfoggerai, facendo sì che lo senta ancora di più e rendendo l'esperienza ancora più speciale. Infine ascolterai ciò che il cuore ti suggerirà e lo proclamerai ad alta voce.

»Durante questo viaggio abbandonerai la tua mente e verrà qualcosa dal profondo. Se non arriva, semplicemente grida, e anche quello sarà un grido divino. Lasciati trasportare e vivi il momento, non cercare le parole giuste. In coro diremo tutti: "Esprimo il meglio di me. Sono la mia migliore versione".

»Per comunicare con te stesso devi usare il potere delle affermazioni positive, che sono orazioni espresse al presente e che vengono ripetute spesso per integrarle nel pensiero. Puoi anche usare i decreti, che sono come ordini pronunciati in uno stato di connessione con l'Uno e con la convinzione che siano reali. Per questo motivo devi sempre usare le parole "io sono..." con un sentimento di gratitudine, perché sei consapevole di quello che sei riuscito a fare. Cominciamo!

»Chiudi gli occhi e rivivi tutto il viaggio che hai compiuto finora per arrivare a questo momento così importante, in cui esprimerai la versione migliore di te. Ricorda che nel tuo viaggio interiore ti sei già liberato delle tue paure. Non dovevi combatterle, solo riconoscerle, accettarle e gridare il loro nome perché potessero uscire da te, chiedendoti, dopo, cosa dovevi imparare da esse.

»Ti sei assunto il compito di eliminare tutto ciò che ti ha causato dolore, ansia e sconforto. È stato un percorso che ti ha permesso di trarre forza e coraggio per avanzare nel cammino dell'evoluzione. Hai anche imparato a entrare in connessione con le persone intorno a te, guidando e lasciandoti guidare, seguendo la tua intuizione, senza essere dominatore né dominato e accettando i ruoli che sono necessari in ogni momento, senza attribuire colpe.

»Inoltre hai scoperto che tu non sei solo questo corpo fisico e che molti problemi sorgono dal fatto che sei concentrato sulla separazione, dalla quale nasce il senso di solitudine, sofferenza e abbandono. Ora sai che sei parte dell'universo e che hai tutte le caratteristiche necessarie per Essere unico e ideale per la missione che sei venuto a compiere su questa Terra. E che questo può succedere solo se credi veramente che siamo Uno.

»Hai lavorato sulle tue credenze limitanti e ti sei aperto all'Amore con la A maiuscola, solo per connetterti con quest'immensa e magnifica energia che trasforma tutto. E hai smesso di concentrarti sulla separazione e sugli ostacoli per focalizzarti, invece, su ciò che realmente brami, la tua trasformazione, ciò che ti ha portato a vivere una vita piena e presente. Ora è il momento di esprimere tutto questo.

»Sei venuto a comunicare al mondo che sei pronto a compiere la tua missione, il tuo scopo, per raccogliere la bussola che ti guiderà passo dopo passo nel cammino della vita e che darà senso alle tue azioni. Esprimere significa concepire pensieri e dar loro vita con le parole. La parola crea, e per farlo deve sposarsi con l'emozione appropriata. E quanto più senti questo sentimento e ripeti questo pensiero, più si accorcerà il tempo di manifestazione.

»Hai imparato che i dubbi e le incertezze ostacolano questa manifestazione e possono allontanarti facilmente da ciò che ti toglie il potere e ti manda in confusione. Ora sai che, semplicemente dicendo loro "Basta. Tanti saluti", puoi riuscire ad allontanarti da questi pensieri.

»Comunica con il tuo atteggiamento e senti nel presente ciò che desideri come se l'avessi già realizzato. Esprimi l'energia dell'amore con la tua voce. Comunica con lo sguardo, restando consapevole che siamo Uno e che tutto quello che ti circonda è solo uno specchio di ciò che hai dentro e ti indica dove devi andare. Comunica con passo deciso, come un soldato che va direttamente all'obiettivo, con presenza e coscienza di ciò che otterrà dalla sua marcia di potere. Con tutto quest'immenso bagaglio che sei riuscito a crearti dentro, ora sfilerai fino al centro di questa piattaforma e ti sentirai come gli antichi faraoni, divini fra gli esseri umani della terra. Tutti gli altri ti acclameranno, ti ameranno e ti pervaderanno di questa sensazione unica che impregnerà ognuna delle tue cellule, in modo che ti ricordi sempre chi sei davvero. Cominciamo la cerimonia.

Uno ad uno ci preparammo per questo momento sacro. Ogni persona che avrebbe dovuto sfilare veniva preparata da un istruttore per ricreare il suo stato di potere tramite attraverso una frase personale e la connessione, e quando si sentiva pronta si lanciava sulla passerella. Fu molto emozionante vedere come le facce, le espressioni o il modo di camminare cambiavano quando salivano sulla passerella e il resto di noi, che stavamo intorno incoraggiandoli, applaudivamo come matti per onorare la divinità che risiedeva in ognuna di queste meravigliose persone che avevano abbandonato il loro ego per condividere i valori più belli che avevano dentro. Alla fine tutti gridavamo: «Esprimo il meglio di me. Sono la mia versione migliore», ma non come un grido di repressione, anzi, come una voce liberatoria che esprimeva la parte divina che portavamo dentro.

Quando arrivò il mio turno, l'uomo vestito da saggio cominciò a sussurrarmi parole di incoraggiamento mentre sosteneva il mio viso fra le mani e mi trasmetteva tutta la sua forza, amore e coraggio per uscire fuori e conquistare il mondo. Essere divini è una sensazione alla quale non siamo abituati, ma se siamo piccoli possiamo fare poco per il mondo. Grandi, in quanto gente potente e piena d'amore, possiamo portare la vera trasformazione. Carico di questo sentimento cominciai la mia sfilata e l'energia che i miei compagni di squadra mi trasmettevano mi fece scoppiare d'emozione e vidi quel cammino come qualcosa di magico. Non avevo paura di niente, stavo semplicemente seguendo il flusso e, alla fine, ciò che mi uscì dal cuore fu «Siamo Dio» e tutti mi seguirono rispondendo all'unisono «Siamo Dio».

Se un giorno qualcuno mi avesse detto che avrei vissuto una simile esperienza, gli avrei risposto che era matto. Guidato dalla ragione, immaginare un gruppo di gente sconosciuta che, esaltata, gridava in coro dentro una piramide «Siamo Dio» mi sarebbe sembrata una cosa da setta. Che strano che era, tutto quanto!

La celebrazione finì realizzando il nostro sogno di rivelare noi stessi. Fu magico e incredibile poter chiudere una tappa della nostra vita e aprirne una nuova come esseri divini. Uscii dalla piramide come una persona nuova.

Tornato in hotel, raccontai l'esperienza a Magdan e gli chiesi di questo dubbio che mi era sorto durante la cerimonia:

—Dio esiste per te, Magdan?

—Non è necessario cercare la risposta fuori, prova a pensare a tutto quello che ti circonda. Osserva in che modo si è evoluto il tuo corpo negli anni e l'intelligenza che ha, per poter compiere una cosa come la rigenerazione. Osserva la natura, le piante, gli animali e tutto quello che hai intorno, e dimmi se tutto questo è il risultato della casualità. Chiamiamo quest'energia creatrice in molti modi: Padre, Dio, Altissimo, Universo..., ma non è altro che un'energia superiore intelligente che può esprimersi in molte forme, e la più grande e incredibile si chiama Amore. Puoi anche pensare a quest'energia come il Dio supremo, perché alla fine è così. Sfortunatamente, la nostra mente è limitata dalla parola, perché se dovessimo prescindere da essa e semplicemente ascoltare, senza cercare di dare risposte intellettuali, non avresti fatto questa domanda e non avresti avuto alcun dubbio.

La sua risposta mi lasciò senza parole. Forse era quello il suo obiettivo. Non avere parole e ascoltare dentro di me. Quello era ciò che avrei dovuto fare tutti i giorni.

—Sai che ho detto «Siamo Dio»? Non so da dove mi sia venuto, ma quando l'ho detto ho percepito Dio, mi sono sentito parte di lui e ho sentito che anche gli altri erano divini.

—Cos'è Dio per te? —mi chiese Magdan—. Forse pensi che sia un uomo barbuto che vive in cielo o un'entità che controlla e dirige. Molti gli conferiscono parvenze tipiche dell'uomo, questo si deve al fatto che per secoli abbiamo creato Dio a nostra immagine e somiglianza, quando in realtà doveva essere tutto l'opposto. Quando nella Bibbia leggi che Dio creò l'essere umano a sua immagine e somiglianza, ciò che vuole dire è che siamo esseri divini, solo che dimentichiamo di esserlo per poter vivere l'esperienza di adattarci alla vita sulla terra. Dimenticare e gradualmente ricordare e imparare durante il viaggio, è questo l'obiettivo. Se hai già piena consapevolezza, il gioco non funzionerà, non credi? Quindi, ti chiedo: chi è Dio per te?

Mi sentii davvero confuso in quel momento. L'unica risposta che potei dargli fu che tutto era Dio e che Dio era tutto.

—Esattamente. Quindi, riconoscere questa verità, come hai fatto nella piramide, non è blasfemia. La religione ha cercato di sfruttare questo concetto per esercitare il suo potere. Per esempio, ha creato il castigo divino come se un Dio avesse bisogno che tu soffra per aver commesso un atto non conforme alla sua volontà. Come può un dio essere tanto crudele? Se pensi al fatto che un padre vede suo figlio commettere una barbarie e lo perdona per la sua innocenza, come potrà un dio che è puro amore esigere un castigo? Quelli che pensano che sei blasfemo devono domandarsi che concetto hanno di Dio e lavorare su tutto il processo per acquisire consapevolezza e sapere perché non possono sentirsi divini, perché non se lo permettono.

»Accetta quelli che ti grideranno contro, perché stai semplicemente facendo loro da specchio e stanno lottando contro il loro sistema di convinzioni limitanti cercando di rompere paradigmi fortemente radicati in loro. Tutto è un processo e devi rispettarlo. Tu stesso avresti giudicato blasfemo o settario tutto questo. Adesso la vedi in modo diverso, e tuttavia, anche se queste parole sono uscite dal tuo più puro interiore, dubiti di esse perché le installazioni mentali sono molto profonde e resteranno sempre lì chiedendoti se sia tutto vero, finché non seguirai il flusso lasciandole andare.

Mi presi un po' di tempo per riflettere. In realtà, ero piuttosto turbato da tutto il processo. La prima volta che Magdan mi aveva parlato di questo viaggio interiore non avevo la minima idea di fin dove mi avrebbe spinto. Approfittando di sentirmi carico di energia e di quel momento d'ispirazione iniziai a comporre una canzone.

Ascolta la canzone *I am God*
su https://www.danidimaggio.com/viaggio-interiore/

TERZA PARTE · IL VIAGGIO DI TRASFORMAZIONE

I am GOD

Everyone knows there is something more
Everyone explores from different angles.
Visions, sounds, colours appear,
but they belong to our human being.
For sure there is something more
which is not different from me and you.
For sure there is the One... Oh my Gosh...
I just realised... I am GOD!
I crossed different lifes, I walked through the streets.
I knew many people, I heard strange stories.
I travelled the world, enjoying many places.
I loved many people, I prayed for a change.
I practised patience, I asked for forgiveness.
I finally understand that experience makes different.
Visions, sounds, colours appear
behind the power of creative being.
Love is the power, the queen of the empire.
And suddenly happened... I mean... Oh my Gosh...
I just realised ...I am GOD!

Io sono Dio

Tutti sanno che c'è qualcosa di più.
Tutti esplorano da diverse angolazioni.
Appaiono suoni, colori e visioni,
ma sono parte del nostro essere umani.
Di certo c'è qualcosa di più
che non è diverso da me e te.
Di certo esiste l'Uno. Oh, mio Dio!
Mi sono appena reso conto che... io sono Dio!
Ho incrociato varie vite, percorso molte strade,
conosciuto molta gente, sentito strane storie,
viaggiato per il mondo, apprezzato molti luoghi,
amato molte persone, pregato per un cambiamento,
praticato la pazienza, chiesto perdono.
Finalmente capisco che l'esperienza ti rende differente.
Appaiono visioni, suoni, colori
dietro al poter della mente creativa.
L'amore è il potere, l'imperatore dell'impero.
E all'improvviso è successo... Oh, mio Dio!
Mi sono appena reso conto... Sono Dio

Sesto chakra:
Europa occidentale

«Ci è sempre stato detto che abbiamo cinque sensi e noi ci abbiamo creduto. Ora ti posso dire che ne abbiamo molti di più, uno dei quali è l'intuizione. La tua ghiandola pineale è l'organo che ti perme di ottenerla se le dai spazio per espandersi.. Devi solo crederci e vedrai».

MAGDAN

Finita la spettacolare esperienza dentro la piramide, ci rimettemmo in viaggio, nuovamente diretti in Europa, alla ricerca del sesto chakra. Dico in cerca perché, a differenza di tutti gli altri chakra, non è un punto fisso della Terra, ma è in costante movimento e per trovarlo devi aguzzare il tuo intuito e seguire l'ispirazione. Questo terzo occhio del pianeta si muove verso est durante l'alba ogni 150 o 200 anni e ora si trovava nell'est Europa. Poiché il viaggio era molto lungo, ne approfittai per parlare con Magdan delle esperienze incredibili e potenti che avevo vissuto e di come la tua vita possa cambiare se modifichi il modo in cui la percepisci.

Da quando conoscevo Magdan avevo notato che la maggior parte delle volte si esprimeva al presente e gli chiesi il perché.

—Il tempo non esiste, è solo il metodo che usano gli essere umani per organizzarsi e coordinarsi meglio fra di loro. Non sappiamo come vivere senza quell'oggetto che segna i momenti del nostro giorno. Non siamo abituati ad aspettare, e quando qualcuno tarda arriviamo persino ad arrabbiarci, perché pensiamo che ci stia rubando il bene più prezioso che abbiamo e che, in realtà, non esiste: il tempo. Gli animali, invece, non pianificano e non hanno bisogno di un orologio perché seguono il loro ritmo biologico. Improvvisano, ascoltano il ritmo della vita e seguono il momento. Non hanno bisogno di fissare un appuntamento per ottenere un collaboratore, si guardano, si riconoscono, si ascoltano, si amano e si uniscono. Non pensano al dopo, né a quali saranno i risultati di ogni azione perché vivono nel qui e ora. Tutto il resto, per loro, non esiste. Solo l'essere umano è intelligente a sufficienza per complicarsi la vita rinunciando a godersi questa meraviglia.

Mentre continuavamo a cercare il luogo adatto a lavorare sul sesto chakra, continuò:

—Dani, il sesto chakra si chiama Ajna, il terzo occhio, e si trova giusto in mezzo agli occhi. Lo si associa al colore carminio e all'intuizione, l'introspezione, l'abilità di auto-realizzazione e la liberazione dei pensieri. Quando è in squilibrio comporta difficoltà d'apprendimento, problemi di coordinazione e incubi. Per questa relazione con la percezione extrasensoriale e l'intuizione, in questo luogo lavorerai approfonditamente sulle visualizzazioni, che sono uno strumento potente per farci chiarezza riguardo a ciò che vogliamo e che ci permette di vederci fuori dal nostro ambiente per manifestare altre possibilità di immaginare i fatti e le cose.

LA CERIMONIA DEL SESTO CHAKRA

D'un tratto, Magdan mi disse che eravamo arrivati sul luogo indicato. Ci trovavamo nel mezzo di una montagna e cominciammo a camminare seguendo il nostro intuito, finché non trovammo una specie di caverna seminascosta, nella quale entrammo. La temperatura era ideale. Camminammo per un bel po' lungo una delle sue gallerie finché non giungemmo a un bellissimo lago sotterraneo colpito dalla luce grazie a un buco nella roccia. Era un luogo magico e subito mi sentii protetto e, al tempo stesso, libero di volare. Questa volta eravamo soli, quindi Magdan mi diede un foglio —proprio com'era accaduto durante le altre cerimonie di iniziazione di ogni chakra— e mi disse di restare lì a leggerlo e meditare senza darmi un tempo preciso per farlo. Nel foglio erano scritte le seguenti parole:

Nuovi mondi emergono dalla materia.

Una nuova visione, nuovi colori, un lampo d'energia, un'esplosione di particelle, ognuna con vibrazioni diverse. Il mistero si svela: siamo tutti un flusso creativo, abbondante, perfettamente armonico e misterioso. Ci abbandoniamo a questo flusso e ci rallegriamo in questo nuovo mondo che ci circonda. Non siamo più soli. Non è più necessario che ci ribelliamo, ci scontriamo o ci arrabbiamo, perché è tutto qui davanti a noi. Il desiderio si trasforma in azione, il pensiero si converte in realtà, in un'espansione costante di generosità e abbondanza.

Il mistero è stato svelato, ora lo sappiamo tutti. Tutto è diverso, e la nuova consapevolezza subito ci regala la nuova visione della vita, rivela la nostra vera missione e trasforma per sempre la meta che abbiamo scelto, perché possiamo raggiungere la dimensione eterna dell'amore. Ciò proviene dall'equilibrio interno dove tutto ha la sua propria risonanza e tutto fluisce secondo un'unica volontà: quella comune. L'equilibrio dell'IO SONO.

Lasciai il foglio per terra e mi sedetti comodamente, concentrandomi sulla respirazione. Dietro di me cominciai a sentire la voce di Magdan:

—A volte neghi la tua essenza infinitamente capace, non riconosci di essere completo e domandi aiuto agli altri, ma questo ti porta solo a essere dipendente e a non riconoscere la tua creatività. Liberati dall'umiliazione di sentirti impotente di fronte alla vita! Puoi sempre dare forma alla tua esistenza. Sei infinitamente capace, sei un Essere divino, degno di amore. Sperimenta la tua abilità di creare. Tieni a mente che, anche se commetti errori, potrai sempre superarli e, inoltre, tali errori avranno modificato la tua realtà. Rafforza la tua autonomia, Dani, liberati della necessità degli altri.

»Comincia a camminare con le tue gambe, e facendolo riconoscerai l'amore che è lì per te, per ciò che sei. Lascia che vengano alla tua mente una nuova visione e nuovi orizzonti. Ecco la rivelazione: siamo tutti un unico flusso infinito incredibilmente creativo, perfettamente armonioso e brillante. Abbandonati a quest'unione e rallegrati di questo nuovo mondo che ti circonda. Il mistero è stato svelato e trasforma il tuo destino per sempre, al fine di raggiungere l'equilibrio interiore, dove tutto ha la sua propria risonanza, quella dell'Uno, dell'Uni-verso.

»Ti sei liberato dell'ansia che si era impossessata della tua mente, ora sei cosciente di chi sei e di qual è la tua missione, hai capito ciò che davvero vuoi e ti relazioni in base all'amore. Hai riscoperto il potere che c'è in te, hai trasformato le tue convinzioni limitanti in potenzianti, hai ammesso che meriti il meglio, sei stato capace di esprimere con parole e gesti il vero Essere divino e meraviglioso... Ora lasciati andare per veicolare tutto ciò che hai vissuto in questo momento, qui e ora.

TERZA PARTE · IL VIAGGIO DI TRASFORMAZIONE

Ascolta la composizione Passeggio per il paradiso *su*
https://www.danidimaggio.com/viaggio-interiore/

»Assumi una posizione comoda, rilassati e concentrati sulla respirazione. Chiudi gli occhi e ascolta come il tuo respiro si fa sempre più profondo; inspira riempiendo i polmoni completamente, aspetta alcuni secondi e poi espira svuotando del tutto il petto. Segui il tuo ritmo, in base al flusso. Ora esistete solo tu e il tuo respiro.

»Sei entrato in uno stato di gran pace interiore, ora visualizzati nelle profondità del tuo Essere mentre, all'improvviso, ti vedi in un luogo a te noto, della tua vita di tutti i giorni. Riconosci persone che ti sono familiari, ma senti che qualcosa è cambiato. In realtà è tutto uguale, sei tu che sei diverso. Ora che il tuo Essere divino ha preso il suo posto e che gli hai dato l'opportunità di esprimersi, vedono tutti la differenza. Ti vedono diverso e li sorprende quanto sia migliorato in così poco tempo, notano un cambiamento nei tuoi comportamenti, che si riflettono anche sul tuo corpo, la postura, la voce e l'intensità che ora caratterizza tutto ciò che fai e dici. Ti senti incredibilmente padrone della tua vita: centrato, completo, pacifico e soddisfatto. Tu sai perché ma chi ti sta accanto no.

»Ti senti protetto da un'energia molto potente, oltre che leggero. Il tuo livello energetico e vibrazionale ora è molto più alto di prima, e questo fa la differenza. Cominci a rivivere le dinamiche della tua vita di tutti i giorni in modo diverso. Quello che prima ti infastidiva o ti faceva sentire male ora non è più così importante, anzi, ti fa sorridere, perché adesso sai che sono solo piccolezze. Sei il maestro del tuo essere, l'unico responsabile, hai scelto l'azione consapevole e questo ti rende ogni giorno più forte. Ora sai che sei speciale e che nascondi ancora abilità da scoprire, senti una curiosità e un desiderio, sempre più voraci, di trasformare ciò che ti circonda, secondo ciò che ti dice la tua creatività.

»La tua nuova dimensione ha effetti positivi su tutto quello che ti sta intorno. Ora sai che la vita è un regalo speciale e che l'allegria è infinita. Sì, ora ne sei cosciente. Abbraccia la gente che vedi, anche chi non conosci, per il semplice piacere di abbracciarli. Resta immerso in questi sentimenti d'amore, serenità, entusiasmo e connessione grazie ai quali sai che l'altro non è lontano, né è diverso.

»È l'inizio di una nuova vita, quella vera, la tua. Sei riconoscente per tutto e per tutti. Ami te stesso e gli altri perché siete parte dell'Uno. Sei felice perché ora puoi vedere la vita, con le sue difficoltà e i suoi piccoli tesori, come un capolavoro del quale tu sei l'artista. Più sai, più scopri la magia che puoi creare. Mantieni questa sensazione e rivivi le situazioni che finora ti sono sembrate difficili, dando loro chiarezza, luce e amore, guardandole da un'altra prospettiva, con umiltà, perché questo è il senso della vita. Ora puoi onorare con le tue azioni il piano divino che ti sei impegnato a seguire, sin da prima di incarnarti in questa terra.

»Sei sempre più unico e ti senti parte di questo Uni-verso, perché sai che anche tu sei parte dell'Uno.

Mi sentivo galleggiare con ognuna delle sue parole, presente e al tempo stesso perso nella magica atmosfera che mi avvolgeva. Rimasi lì fermo, guardando il film della mia vita passata, episodi che avevo quasi dimenticato e che ora acquisivano significato. Tutto cominciò ad avere senso. Ciò che sentivo doveva essere qualcosa di simile a quello che raccontano del viaggio che compi quando muori, quando rivedi tutta la tua vita e capisci cosa ti ha apportato ogni momento di questo fantastico viaggio. Era come essere perso nel passato, come in un sogno dove quando ti svegli non sai realmente se l'hai vissuto o se l'hai solo immaginato. Era sentire che iniziava una nuova vita.

Settimo chakra:
il monte Kailash

«Siamo Uno con l'infinito e l'infinito agisce attraverso di noi. Quindi non possono esistere la colpa, il rimprovero, i fiaschi e i fallimenti, esistono solo l'apprendimento e l'esperienza. Se capisci questo, ti risparmierai molti momenti tristi, sebbene anch'essi facciano parte dell'esperienza terrena, e siano quindi leciti».

MAGDAN

Il mio viaggio interiore stava giungendo alla fine, l'ultima tappa mi portava all'Himalaya. Decidemmo di arrivarci in treno, era come se avessi bisogno di tempo per digerire tutto quello che avevo sperimentato, così andare piano era ciò che più desideravo. Nonostante il tragitto fosse lungo, io e Magdan parlammo poco, perché io volevo stare in silenzio e lui rispettò quel mio momento.

Questa catena maestosa si trova in Tibet e lì è dove nascono i fiumi Indo e Sutlej. Il Kailash è la montagna più sacra dell'Himalaya, nonché il centro del chakra corona. Appena arrivati ci dirigemmo a un monastero e lungo il cammino Magdan mi parlò dell'ultimo chakra.

—Il settimo chakra è l'ultimo, si chiama Sahasrara e corrisponde alla corona. Il suo colore è il viola e cerca l'integrazione del nostro subconscio e della nostra parte cosciente, per questo è legata alla conoscenza, alla dedizione e alla coscienza divina, la fiducia nell'universo e la connessione al concetto dell'intelligenza suprema. In caso di un suo squilibrio si presentano dolori alla testa, fotosensibilità, disordini mentali, epilessia, vene varicose, allergie alla pelle... Per la sua relazione con la trascendenza della coscienza e il contatto con il divino, l'ultimo lavoro che effettuerai si baserà su tecniche e conoscenze che potrai applicare per integrare il tutto e fluire in pienezza.

Nel monastero fummo ricevuti con un gran sorriso e, anche se non potemmo comunicare, i monaci furono molto gentili e premurosi con noi. Mentre aspettavamo che ci sistemassero, rimasi ad osservare come un gruppo di monaci stesse creando un cerchio sacro, o mandala, sopra un supporto di legno. Ci sono vari tipi di mandala che si usano per diversi propositi, ma tutti hanno significati esterni, interni e segreti. Nell'aspetto esteriore rappresentano il mondo nella sua forma divina, nell'interno sono una mappa mediante la quale la mente ordinaria può trasformarsi nell'esperienza dell'illuminazione, e nel loro aspetto segreto mostrano il perfetto equilibrio delle più impercettibili energie del corpo e la dimensione della brillante luce della mente. Si dice che la creazione di un mandala di sabbia ti purifichi a tutti e tre i livelli.

In passato le polveri necessarie per elaborare questi mandala si preparavano con pietre semipreziose: lapislazzuli per il colore azzurro, rubini per il rosso, etc. Oggigiorno, si producono con polvere di marmo colorata e, talvolta, con sabbia fine bianca.

In genere cominciano con una cerimonia per consacrare il luogo, dopodiché tracciano le linee che fungeranno loro da guida per disporre la sabbia e, poco a poco, la distribuiscono dal centro ai bordi per rappresentare il fatto che, quando nasciamo siamo una cellula e ci evolviamo fino a percepire l'universo intero tramite i sensi. Una volta terminato, si realizza una consacrazione nella quale si invoca Buddha perché permanga in quel luogo. Quando arriva il momento di disfarlo, la sabbia viene raccolta dall'esterno verso l'interno, ciò simbolizza che al momento della morte torniamo nuovamente alla fonte primaria, che si trova al centro del nostro cuore. Distruggere il mandala realizza due obiettivi: il primo è dimostrare che niente dura per sempre e per questo non ci si deve aggrappare all'effimero, perché questo porta solo sofferenza; il secondo rappresenta la volontà di fare del bene agli altri con le nostre azioni, per questo motivo la sabbia viene distribuita fra coloro che partecipano alla cerimonia.

Osservare la creazione e lo smantellamento di un mandala ha effetti purificatori molto profondi per gli esseri e l'ambiente dove viene costruito. Mi sentii onorato di essere lì ad assistere.

LA CERIMONIA DEL SETTIMO CHAKRA

Ci condussero in una grande stanza piena zeppa di cuscini, e ciascuna persona del gruppo si sedette liberamente. Un po' alla volta si aggiungeva altra gente, ciascuno a suo tempo, mentre noi che già aspettavamo nella sala gustavamo l'ascolto di bellissime canzoni tibetane. Io ero molto emozionato, mi trovavo sulla cima del mondo per sperimentare l'ultima esperienza iniziatica di questo fantastico viaggio, mi sentivo come se dovessi assorbire ogni singolo momento per poterlo imprimere profondamente nella mia memoria. Come sempre, ci porsero un documento di benvenuto, che cominciai a leggere con gran curiosità.

Ti è stata offerta la chiave di lettura della vita e ora si apre una nuova epoca per te. Tu sei l'Uno, il divino, la nuova vibrazione.

Ora puoi passeggiare fra le dimensioni in una danza fluttuante che ti rende leggero e felice. Sei coscienza elevata, apprendimento profondo, puro amore.

Una guida ci porse i suoi saluti e ci disse che eravamo arrivati al punto in cui non era più necessario che qualcuno ci desse delle informazioni, perché avevamo risvegliato in noi la capacità di toccare la saggezza infinita e di trovare lì le nostre risposte, ma che ci avrebbe insegnato delle tecniche che ci avrebbero potuto aiutare a connetterci con questo universo infinito di cui parlava.

Iniziammo ad esercitarci nella respirazione della ghiandola pineale, perché ci avrebbe aiutato a entrare sempre più in contatto con l'Uno. Consisteva nell'immettere aria e sentire come raggiungeva il primo chakra per poi, con l'espirazione, chiudere e stringere tutti i punti mentre si raffigura il passaggio dell'aria contraendo parte del pube, dello stomaco e del petto fino alla ghiandola pineale. A quel punto si mantiene la pressione restando in apnea, per poi lasciar andare e ripetere. Effettuammo questo tipo di respirazione per molto tempo finché non ci sentimmo davvero pronti.

Quindi, ci spiegarono degli esercizi conosciuti come i «cinque tibetani», che servivano per riattivare i sette chakra. Prima di svolgerli, ci spiegarono la loro storia:

—I cinque tibetani sono considerati il segreto dell'eterna giovinezza e sono arrivati in Occidente grazie a Bradford, un Colonnello inglese in pensione che attraversò il mondo con l'ossessione di trovare una formula efficace per non invecchiare. E la trovò in un monastero tibetano i cui occupanti non invecchiavano mai grazie ad alcuni esercizi che eseguivano ogni giorno, e che egli apprese grazie al lama di quel monastero dell'Himalaya.

Questi esercizi che state per apprendere hanno il potere di rafforzare il fisico, riequilibrare l'energia, rigenerare il corpo e la mente e rallentare il processo di invecchiamento. Eseguirlo aumenta l'energia vitale e la equilibra in tutti i chakra. È un rituale che, pertanto, conviene cominciare a svolgere quanto prima per conservare la nostra gioventù e vitalità. Ora cominciamo a eseguirlo, che ve ne pare?

Eravamo tutti molto entusiasti nello scoprire qualcosa di così meraviglioso che avrebbe cambiato la nostra vita per sempre.

—Iniziamo con il primo esercizio, che serve per intensificare l'energia e rafforzare il campo magnetico personale. In piedi, con le braccia incrociate e i palmi delle mani rivolti verso il basso, bisogna girare su se stessi 21 volte nel senso delle lancette dell'orologio. Per facilitare il vortice, ruota sul piede destro, che resta a terra, e spingiti con il piede sinistro. Alla fine dei giri, resta a gambe aperte all'altezza delle spalle e con i piedi saldi a terra. Unisci i palmi delle mani come nella posizione di preghiera e guardale finché non termina il capogiro tipico del movimento rotatorio. Nel frattempo, concentrati e visualizza intorno a te il tuo campo d'energia.

»Poi passa al secondo esercizio per rafforzare gli addominali e il collo, stimolare il centro energetico del plesso solare e tonificare il pancreas e la tiroide. Sdraiato a bocca in su con le braccia stese e aderenti al corpo, solleva allo stesso tempo la testa e le gambe distese finché non formi una J, e poi abbassa lentamente la testa e le gambe stese. Ripeti 21 volte.

»Il terzo esercizio serve a stirare i flessori del bacino, la fascia addominale e il collo. L'energia del plesso solare si diffonde fino al cuore, tonifica il timo, la tiroide e le surrenali. Per eseguirlo correttamente mettiti in ginocchio con le braccia aderenti al corpo e le mani appoggiate ai glutei. Inclina il torso in avanti in modo da stirare la nuca e toccare il petto con il mento. Poi, solleva la testa e stira il petto all'indietro più che puoi. Ripeti 21 volte.

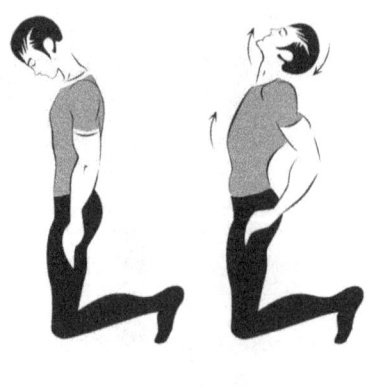

»Il quarto esercizio serve a rafforzare le spalle, la zona lombare e i glutei. Stimola il basso ventre, il collo e le ginocchia. Seduto per terra, con le gambe stese e aperte all'altezza delle anche, appoggia entrambe le mani a terra. Ispira profondamente e spingi il petto in avanti sollevando il bacino al massimo, finché non formi un angolo retto con le ginocchia. Dopodiché, manda la testa indietro più che puoi e poi torna alla posizione iniziale. Ripeti 21 volte.

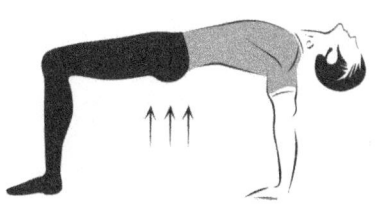

»Il quinto esercizio serve per rilassarsi, placare la mente e allungare i muscoli del corpo, specialmente la schiena. Rinforza anche le braccia e le spalle e flessibilizza la parte posteriore delle gambe. Mettiti a quattro zampe con le braccia parallele all'altezza delle spalle e le mani aperte con le dita separate. Con i piedi separati a livello delle anche e allineati con le mani, mettiti in punta di piedi e, lentamente, spingi il bacino verso l'alto distendendo braccia e gambe. Gli ischi devono salire al cielo. Fa' dei passetti in avanti con le dita per stirare poco a poco la colonna vertebrale. Tutto il piede deve poggiare a terra, ovviamente a far questo si riesce col tempo. La testa resta giù. Ripeti 21 volte.

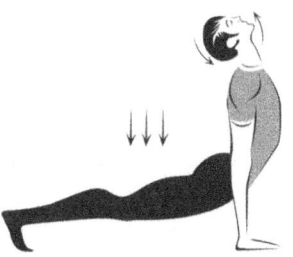
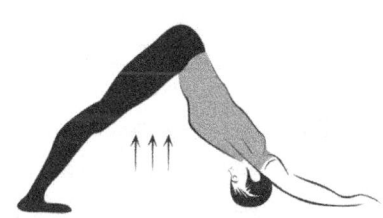

»Per concludere, in piedi, fa tre respiri durante i quali svuoti completamente i polmoni e resti così per qualche secondo. Devi arrivare a un numero totale di 108 ripetizioni (21 per ogni esercizio più i tre respiri), che è un numero sacro per le tradizioni buddista, induista e giainista.

Guarda gli esercizi de *I cinque tibetani* su
https://www.danidimaggio.com/viaggio-interiore/

Alla fine di tutti quei duri esercizi di respirazione ed attività fisica, ci sedemmo in circolo con le teste rivolte verso il centro, chiudemmo gli occhi ed entrammo in uno stato di profondo rilassamento. A causa della stanchezza accumulata temetti di addormentarmi, ma dentro di me si diffuse un'energia che mi fece assaporare il piacere di questa stanchezza, senza farmi sprofondare nel sonno.

Iniziò a suonare una musica sublime e vari monaci che finora avevano meditato intorno a noi si avvicinarono e cominciarono a farci dei massaggi toccando punti specifici del nostro corpo per sbloccare alcuni flussi energetici. Fu una sensazione di estasi. Mi sentivo davvero come in paradiso. La mia mente non pensava che a vivere il momento.

LE SETTE LEGGI UNIVERSALI

Poco a poco la musica cominciò a calare gradualmente d'intensità e, cullati dal suono dei gong, iniziammo a riprendere coscienza e tornare in noi. Felici per aver concluso questo fantastico viaggio interiore alla scoperta della nostra verità, cominciammo a scambiarci abbracci.

—Ora scopriremo le sette leggi universali, che sono i principi ermetici che si trovano nell'opera Il Kybalion di Ermete Trismegisto —che vuol dire tre volte grande— perché possiate applicarle nella vostra vita di tutti i giorni. Cominciamo:

»La prima legge è il principio del mentalismo. Il Kybalion dice: "Tutto è mente, l'universo è mentale". Questo significa che la realtà, che la scienza identifica come materia, energia e vita, è attività mentale originata dallo spirito. Tutto ciò che esiste è una creazione della mente universale e, pertanto, esiste uno spirito universale che crea tutto con la sua mente. Lo spirito è, per natura, inconoscibile e indefinibile, ma la sua esistenza si manifesta nell'attività mentale creativa. La materia, l'energia o la vita prima di esistere sono state pensate da una mente. Il primo principio ermetico ci fa capire quanto sia immenso il potere della mente, un vero agente creativo e trasformatore del tutto.

»Quindi, poiché tutto è in me e io sono parte del tutto, la ricerca dobbiamo compierla dentro di noi. La mente influenza l'energia e l'energia influenza la materia, e per questo motivo è così importante controllare il pensiero e le parole, che sono una vocalizzazione del pensiero. Cambiare il pensiero può cambiare la vita. La creazione dipende dalla mente o coscienza, e possiamo entrare in contatto con essa attraverso il cuore.

»Antoine-Laurent de Lavoisier diceva che nulla si crea e nulla si distrugge, tutto si trasforma —questo è stato confermato anche da Albert Einstein—. Ma non esistono solo materia ed energia, poiché, secondo la fisica quantistica, esiste anche la coscienza dell'osservatore, e quindi la mente può alterare il comportamento della materia e creare. Per questo possiamo tutti considerarci dei piccoli dei, perché questo potere creatore è presente anche in noi. Tutto ciò che ci accade lo abbiamo creato. Non esiste casualità, solo causalità.

»Quando ci accorgiamo che ciò che ci disturba degli altri è qualcosa che è presente anche in noi e che dobbiamo accettarlo, una volta che lo abbiamo elaborato l'irritazione sparisce. Ogni ostacolo è un'opportunità di crescita e conoscenza che dobbiamo sfruttare. Tutto quello che pensiamo si manifesta nella nostra vita, quindi cambia il pensiero per cambiare la tua vita e rifuggi i pensieri negativi, ma per dominare i tuoi pensieri bisogna prima osservarli. Ogni volta che hai un pensiero negativo puoi vederlo passare, respirare, gettare la testa indietro e dirgli addio. Concentrati sul tuo cuore e sulla tua energia divina per avverare tutto ciò che desideri. Per un'efficacia ancora maggiore, puoi dire tre volte, con entusiasmo :"Eliminato", mentre immagini una X che depenna questo pensiero e lo rimpiazza con il suo opposto positivo. Se il pensiero negativo ci arriva da fuori, svolgiamo lo stesso processo: diciamogli "Questo non mi appartiene. Addio" e lo cancelliamo. Per pronunciare questi messaggi rivolti a noi stessi dobbiamo sempre usare il tempo presente. Bisogna lasciar andare questi messaggi negativi, perché perderci in giudizi e critiche non fa che logorarci, e alla fine quel messaggio ci ritorna con più forza.

»La seconda legge è il principio della corrispondenza, che dice che esiste una precisa analogia tra le leggi che regolano i diversi livelli dell'esistenza: "Così in alto, così in basso, e così in basso così in alto". Questo è un principio ermetico fondamentale perché ci fa capire che i diversi sistemi, dal più grande al più piccolo, funzionano secondo le stesse leggi di base, pertanto, conoscendo i meccanismi che regolano un sistema, possiamo trasporli a un altro per analogia. Questa è una chiave fondamentale per capire il funzionamento dei piani d'esistenza non materiali e le scienze occulte in generale, poiché le correnti energetiche che operano ai livelli superiori si comportano allo stesso modo di quelle terrene e conosciute.

«"Così in alto, così in basso, e così in basso così in alto", ma anche "così dentro, così fuori e così fuori, così dentro". Non ti è mai successo, riordinando il tuo ambiente circostante, di sentirti più chiaro anche dentro? È a causa di questa corrispondenza. Questa legge spiega perché ci corrispondano determinate cose o persone nella vita, e che non vivremo mai esperienze che non possiamo assumere. Vivrai solo quello che sei pronto a vivere.

»La terza legge è il principio della vibrazione. "Niente è immobile, tutto si muove, tutto vibra". Questo oggigiorno non è un mistero —nemmeno per la nostra scienza— perfino gli oggetti apparentemente solidi sono formati da atomi che non sono altro che particelle in movimento. Il fatto che ci sembrino solidi e compatti dipende dalla nostra limitata capacità di percezione, ma in realtà tutto vibra ed ha la sua propria frequenza vibrazionale, che è inversamente proporzionale alla densità del materiale che lo compone.

»Anche il terzo principio ermetico è di grande importanza, poiché descrive le interazioni fra le diverse frequenze vibrazionali attraverso il fenomeno della risonanza. Tutto questo può essere applicato ai piani superiori dell'esistenza —spirituale, astrale, mentale— grazie al secondo principio ermetico e comprendendo così le leggi che governano l'interazione fra la mente, le emozioni, l'energia e la materia. Più bassa è la vibrazione, più solida ci sembra la materia. I cattivi pensieri e le preoccupazioni abbassano le nostre vibrazioni, per questo le persone sagge mantengono alte vibrazioni. Se vibriamo in amore e in pace, attrarremo persone degne d'amore. Per aumentare la tua vibrazione puoi utilizzare il pensiero positivo, creare, meditare, ascoltare musica rilassante, stare a contatto con la natura, cantare, pronunciare mantra, ammirare opere d'arte, fare esercizio fisico... Migliorando la tua vibrazione personale migliorerai anche quella di chi ti circonda.

»La quarta legge è il principio di polarità, che ricorda il noto sistema filosofico taoista che si basa sull'interazione fra le polarità opposta yin e yang, e spiega molti paradossi con cui abbiamo ci confrontiamo continuamente. "Tutto è duale, tutto ha il suo opposto". Gli opposti sono complementari e gli estremi si toccano. Ogni verità è solo la metà della verità, ogni moneta ha il suo rovescio, tutto è relativo. Ogni opposto esiste solo perché esiste l'altro e ciascuno ha bisogno dell'altro. Questo principio ermetico può farci capire molte cose su noi stessi e sulla vita, specialmente se lo applichiamo ai livelli mentale, emozionale, sociale e relazionale. Ci dice che dobbiamo concentrarci sul polo che ci interessa per potenziarlo e lasciare tutto quello ciò che non ci interessa. Perciò, se hai paura, devi concentrarti sull'audacia e il coraggio per neutralizzarlo. Quello che non desideri si uccide cambiando la sua polarità. Se non hai soldi, devi agire sul polo opposto, comportandoti come se l'avessi. Se si vuole restare in perfetto equilibrio bisogna essere rivolti verso l'alto, centrandosi sul proprio Io superiore, che non ha oscillazioni perché è al di sopra di tutto. Solo l'amore incondizionato non ha opposti.

»La quinta legge è il principio del ritmo e questo è strettamente legato al quarto e al terzo, perché chiarisce che in tutte le cose c'è un ritmo di alternanza fra due polarità opposte nelle sue multiple manifestazioni. "Tutto ha delle fasi, cresce e diminuisce. Fluisce e fluisce". Tutte le cose crescono e decadono, avanzano e retrocedono, aumentano e diminuiscono. Nella vita, nelle galassie, nelle stelle, tanto nell'essere umano quanto nelle piante. Nessuno può pensare che sarà sempre sulla cresta dell'onda o che può crescere all'infinito, ma la conoscenza di questa legge e la sua manifestazione in un sistema specifico ci permette di capire come fare la cosa giusta in qualsiasi momento, in armonia con il flusso della vita. Questa è la base della filosofia taoista con il suo meraviglioso sistema basato sull'alternanza delle energie predominanti. Se guardi il pendolo, vedrai che oscilla da destra a sinistra allo stesso modo che la nostra vita, nella quale ci sono alti e bassi. Quello che può fare il saggio è mettersi al di sopra del pendolo per sfuggire a questo movimento di trascinamento e vivere le fasi con consapevolezza. Porsi al di sopra significa generare pace e armonia nell'interiore.

»La sesta legge è il principio di causa e effetto, che la scienza, sebbene non lo conosca bene, applica limitatamente alla materia. "Tutto ha un suo effetto, ogni effetto ha la sua causa. Tutto succede in base a una legge". Tuttavia, se lo applichiamo a qualsiasi livello dell'esistenza, comporta che tutto ciò che accade in modo apparentemente aleatorio ha una sua causa previa, anche se non lo sappiamo. Questa legge è legata al concetto di karma, una pietra miliare non soltanto delle religioni orientali, ma anche di tutte le filosofie esoteriche. Se qualcuno nasce ricco o povero, fortunato o sfortunato, non è per caso, ma come risultato di una legge di causa ed effetto.

»Questo principio ermetico comporta che ognuno di noi è davvero il padrone del suo proprio destino, poiché il nostro futuro sarà determinato dalle conseguenze delle nostre scelte e non da eventi fortuiti. Tutto ha un perché, tutto si verifica perché possiamo apprendere e tutti siamo venuti qui per guarirci; i problemi spariranno quando avremo finito di imparare la nostra lezione. È a questo che ci riferiamo quando parliamo di karma.

»Il male, come siamo soliti chiamarlo, è un'opportunità per aprire la coscienza a una nuova conoscenza. Abbiamo tutta l'eternità per imparare, quindi, se non lo facciamo in questa vita, ne avremo molte altre. Non c'è condanna o castigo, e per restituire questo karma la pratica più potente è il perdono, perché ci rende liberi. Prima di incarnarci abbiamo un piano da portare a termine, persone con cui entrare in contatto, azioni da compiere. Quando nasciamo ci dimentichiamo di tutto ciò e lo ricordiamo poco a poco per poterlo realizzare. Ognuno lo fa al meglio che può con le sue conoscenze, e coloro che agiscono male lo fanno per pura ignoranza.

»Aiutare è un modo di amare il prossimo, ma non bisogna offrire aiuto se non ci è richiesto, perché potrebbe darsi che questa persona non sia pronta o non ne abbia bisogno, e noi non possiamo imporre la nostra volontà sulla loro. Tutto ciò che creiamo è dentro di noi, quindi la causa deve nascere da lì perché possiamo vederne gli effetti. E poiché la prima causa è sempre mentale, il primo cambiamento deve aver luogo nel pensiero.

»E per ultima c'è la settima legge, il principio di generazione, che ci richiama in parte al quarto, quello della polarità, però questo principio di generazione si riferisce al fatto che la creazione richiede l'interazione del genere maschile con quello femminile. "Tutto ha un genere maschile e uno femminile, e il genere si manifesta in tutti i piani". Nell'esistenza fisica la differenziazione di maschile e femminile si manifesta nella sessualità, ma questa distinzione è presente anche nei livelli superiori, con modalità ed energie differenti. È ovvio e risaputo che per generare un nuovo essere vivente è necessaria l'unione dell'essere maschile e di quello femminile tramite l'atto sessuale, ma lo stesso discorso si applica anche a qualsiasi altro tipo di creazione, sia essa mentale, spirituale o artistica. Dove c'è creazione, esiste sempre l'unione di una componente maschile con una femminile.

»L'essere umano deve equilibrare le sue parti maschile e femminile, in questo modo potrà sentire l'unità con l'universo e la pace interiore. Per la creazione è necessaria l'energia femminile, che risiede nell'immaginazione e nella visualizzazione, ma anche quella maschile, che è l'azione nel mondo concreto.

»Adesso conoscete le leggi che governano l'universo e che vi serviranno per avere successo, dovete solo farne tesoro nella vostra vita e nel vostro essere.

Dopo queste parole, la cerimonia si concluse con suoni e canti tibetani che mi riempirono l'anima, e che mi sembra di udire ancora oggi. Avevo portato a termine il mio viaggio di trasformazione. Ora vedevo la mia vita con chiarezza e tutto quello che avevo appreso andava ricomponendosi pezzo dopo pezzo come in un rompicapo. Mi sentivo così fortunato per aver potuto compiere questo viaggio che riuscivo solo a pensare di condividerlo con il mondo.

Il ritorno a casa

Il mio viaggio era concluso. Ero letteralmente sfinito, però quando aprii la porta di casa mia mi sentii felice di trovare tutto come l'avevo lasciato, anche se in verità ora mi sembrava tutto diverso, più bello, più luminoso. Sentivo l'energia dell'atmosfera che mi circondava, e per la prima volta seppi che ero capace di crearmi la mia realtà esattamente come la volevo io.

Dopo aver disfatto i bagagli e riordinato tutte le cose del viaggio cominciai a pulire, a cambiare le lenzuola, a spolverare... Queste mansioni normalmente mi annoiavano, ma in quel momento tutto aveva un sapore molto speciale. Mi preparai qualcosa di leggero da mangiare e poi, davanti alla finestra che dava sul mare, cominciai a ordinare le note e i vari contatti che avevo accumulato durante i viaggi. In realtà non sapevo cosa ne avrei fatto della mia vita, l'unica cosa che mi era chiara è che non sarei tornato al vecchio lavoro, a quella realtà che non mi apparteneva più. Decisi di concentrarmi sul momento e in seguito avrei pensato a quello che ne sarebbe stato della mia vita. Allora mi ricordai che avevo promesso alla mia amica Sheila —la ragazza che avevo conosciuto a Glastonbury— che l'avrei avvisata che tutto era andato bene quando fossi tornato a casa, quindi chiamai il suo numero.

—Ciao, Sheila, come stai? Io sono appena tornato a casa.

—Dani, che bello sentirti! Sto bene. Certo che hai fatto proprio un viaggio lungo, eh? Com'è stato? Ti è piaciuto?

—Sì, tantissimo. Sono molto stanco, ma ne è valsa davvero la pena. Scusami, non sono riuscito a scriverti, sai com'è durante i viaggi, c'erano sempre problemi di connessione e andavamo sempre di fretta. Poi ti manderò le foto e ti racconterò i dettagli del resto del viaggio. Quello che mi dispiace è che alla fine non abbia potuto conoscere Magdan.

—È vero, parlavi sempre di lui ma alla fine non siamo riusciti a trovare il momento. A proposito, come sta? In realtà sono un sacco curiosa, che aspetto ha?

—Non ti ricordi? L'hai visto quando siamo venuti a salutarti alla stazione degli autobus. Era accanto a me.

—Hmm no, Dani. Mi ricordo che sei venuto a salutarmi ed è stata una gran sorpresa, ma eri da solo, non c'era nessuno vicino a te.

—Sì, lui era in piedi di fianco a me. Gli avevo chiesto di accompagnarmi per potertelo presentare, e siccome eri già in autobus ho pensato che almeno l'avresti visto.

—Dani, ti assicuro che non c'era nessuno vicino a te. Per caso hai una sua foto? Così magari riesco a ricordarmene.

—Macché, a lui non piace che gli si facciano foto. Dice che gli rubano l'anima, quindi non se le fa mai.

—Ah. Che strano, sembra quasi un personaggio fantasma. Sei sicuro che questo Magdan esista davvero? Ah ah ah!

—Ovviamente sì! Fa lo stesso, troveremo il modo di fare una videochiamata in modo che possiate conoscervi, d'accordo?

—Fantastico. Ora riposa e chiamami presto per raccontarmi tutti i dettagli del tuo viaggio.

—Molto volentieri. Un grande abbraccio. Ciao.

Una volta terminata la conversazione, mi fermai a riflettere. Com'era possibile che non avesse visto Magdan se era lì di fianco a me? Quel pensiero mi lasciò un po' turbato, allora cominciai a chiamare altre persone che avevo conosciuto con la scusa di sapere come stavano, avvertirli che ero arrivato a casa e chieder loro se si ricordavano della persona che mi accompagnava, dando loro tutta una serie di dettagli sul suo aspetto. Tutti mi confermarono che ero sempre stato solo e che non avevano mai visto nessuno vicino a me.

In quel momento mi sentii come se si fosse aperto un vortice sotto i miei piedi e stessi cadendo in un abisso senza fine. Continuai a contattare persone che dovevano averlo visto o conosciuto durante la mia permanenza a San Sebastián. Allora mi ricordai che la mia amica Neke mi aveva sempre detto che voleva conoscerlo, ma ogni volta che veniva da Pamplona lui non era in città. Magdan viaggiava molto, per cui fino a quel momento non avevo mai dato importanza alla cosa. Non poteva essere! Doveva esserci un momento in cui qualcuno l'aveva visto insieme a me. Non potevo essere diventato pazzo e aver immaginato tutto.

Allora mi resi conto che il proprietario del mio appartamento era amico di Magdan, perché era stato lui a metterci in contatto. Doveva per forza conoscerlo, quindi lo chiamai immediatamente. Mentre aspettavo all'altro capo del telefono, sentii che mi tremavano la voce e le gambe.

—Buon giorno, signor Juan, sono Dani, il suo inquilino. Come sta?

—Salve, Dani. Tutto a posto, grazie. Era da un po' che non avevo tue notizie. Tutto bene?

—Sì, sì, molto bene. È che ero in viaggio, per questo non mi ha visto.

—Ah, che bello! E com'è stato?

—Fantastico, è stato un viaggio davvero meraviglioso. Ero con il mio amico Magdan.

—Chi?

—Magdan. Ricorda che quando la contattai le dissi che un suo amico mi aveva dato il suo numero perché sapeva che voleva affittare l'appartamento? Magdan mi ha dato il suo numero.

—Sì, mi ricordo che mi avevi chiamato e avevi detto di voler vedere la casa, però pensavo che avessi trovato il mio numero nella pagina degli annunci degli affitti. Ti ho fatto vedere l'appartamento, ti è piaciuto e abbiamo firmato il contratto. Ma io non conosco nessun Magdan, mi spiace. Inoltre, è un nome molto particolare e mi ricorderei di qualcuno che si chiama così, ah ah ah!

—Ah, beh, non si preoccupi. Mi sarò confuso. Volevo solo informarla che sono tornato.

—Molte grazie. Stammi bene.

—Arrivederci. E buona giornata.

Quando riagganciai mi mancava il respiro. Chi era Magdan? Chi mi aveva accompagnato per tutto questo tempo alla scoperta di San Sebastián e nel viaggio di trasformazione? Chi mi aveva parlato di questo viaggio e mi aveva fatto scoprire questo nuovo mondo? Era stato tutto il frutto della mia immaginazione? Ma io non ne sapevo nulla prima. Tutte quelle informazioni non potevano venire da me.

Senza pensarci due volte, mi misi in contatto con la compagnia telefonica per sapere a chi apparteneva il numero di Magdan. Sbiancai: il numero non esisteva. Presi il cellulare e, pietrificato, fissai lo schermo e il pulsante verde di chiamata, come se il mio corpo non trovasse il coraggio di scoprire cosa stava succedendo. Premetti. Mi rispose una voce automatica: «Non esiste nessun abbonato con questo numero».

Cominciai a sudare freddo e sospettai di essere diventato pazzo. Niente aveva senso. Non sapevo più chi ero, dov'ero, né dove stavo andando. Ero completamente perso.

Senza avere idea di cosa fare, decisi di farmi un bagno e andare a letto. Sdraiato sul letto con gli occhi aperti, mi sentivo intrappolato nella mia mente. Ora sapevo cosa si prova a perdere improvvisamente il senso della realtà, anche se ciò che più mi feriva era sapere che non l'avrei più visto e che dovevo uscire da solo dal vicolo senza uscita nel quale mi trovavo. Non avevo idea di come avrei affrontato il giorno seguente.

Mi trovavo in un punto di non ritorno. Da una parte, non potevo tornare a fare il mio lavoro di prima, e da un'altra, non potevo mettere in pratica tutto quello che avevo imparato, perché mi sembrava di essermi inventato tutto. Mi sentivo frustrato a pensare che tutto quello che avevo passato era il risultato della fantasia o di qualcosa di peggiore: di una follia assoluta della quale non mi ero accorto. Ero impazzito senza saperlo? Non riuscivo a dormire, quindi decisi di fare una passeggiata lungo la spiaggia de La Concha. Avevo bisogno di prendere un po' d'aria.

Le strade erano deserte. Camminai e camminai finché non raggiunsi la spiaggia e mi sedetti a guardare il mare. Senza accorgermene mi trovavo proprio nello stesso punto in cui Magdan mi aveva suggerito di compiere il viaggio interiore. Ricordai la sensazione di vuoto che sentivo quel giorno, la stessa che provavo in quel momento. Chiusi gli occhi e, ascoltando il mare in sottofondo, cominciai a respirare profondamente, era l'unica cosa che potessi fare. Gradualmente mi rasserenai e iniziai ad accettare l'idea di essere impazzito.

A un certo punto aprii gli occhi, e vidi Magdan seduto tranquillamente al mio fianco a guardare il mare.

—Sono pazzo, vero?

—No, Dani, non sei pazzo, ti stai semplicemente svegliando. Ognuno di noi ha una parte terrena e un Io superiore che rappresenta la saggezza e la conoscenza universale. Alcune persone hanno la capacità di comunicare facilmente con il loro Io superiore e avere splendidi dialoghi con esso prima di prendere decisioni. Altre non hanno idea dell'esistenza del proprio Io superiore e continuano a vivere la vita come automi. E ci sono casi, come il tuo, in cui la razionalità non consente di accettare qualcosa che va oltre il piano fisico, e per accettarlo danno al proprio Io superiore l'aspetto di una persona reale, con un nome, e intraprendono conversazioni con lui come se esistesse realmente. Ci sono migliaia di modi per entrare in contatto.

—Quindi, tu non esisti?

—Dipende da cosa intendi per esistere.

—Beh, possedere un corpo reale, una mente propria...

—Il corpo non è altro che un insieme di energie condensate che ti permettono di sentire la presenza di qualcuno attraverso i tuoi sensi. Non riesci a distinguere, anche nei sogni ti sembra tutto reale, però poi ti svegli e ti rendi conto che non è così. O forse sì, ma in un'altra dimensione.

Apparteniamo tutti alla mente suprema. La realtà è quello che ti crei nella tua mente, ciò che percepisci attraverso le tue sensazioni limitate, ciò che interpreti tramite le tue convinzioni ed emozioni, ma è anche ciò che va più in là dei tuoi sensi.

—Non so spiegare come sia possibile tutto questo. Come potrei sapere tutto quello che ho imparato da te? Non posso averlo inventato, non erano cose che si trovavano dentro di me. Le ho imparate da te.

—Tutti abbiamo dentro di noi la conoscenza universale. Quando crei una canzone, scrivi un libro o inventi qualcosa di ingegnoso, da dove credi che arrivi? Credi che provenga dalla mente di quella persona? In realtà, tutto è presente, tutto esiste già. Siamo solo canali connessi con quell'informazione universale e la portiamo nella parte cosciente in Terra, ma nel nostro inconscio tutta quell'informazione esiste già perché è connessa con la conoscenza infinita. Quando facevi delle domande, in realtà ti stavi solo collegando al tuo inconscio per ricevere le risposte. E puoi continuare a farlo, questo grande viaggio ti è servito per renderti conto dell'incredibile potere che hai dentro.

»Tutte le nostre conversazioni sono reali. Tutto quello che hai imparato è più reale di ciò che tu consideri la realtà. Hai appreso un modo di risvegliarti ed entrare in contatto con un mondo al quale non siamo abituati a causa del timore che ci hanno instillato quelli che non vogliono che acquisiamo consapevolezza. Se tutti intraprendessero questo viaggio interiore e si rendessero conto del potere interno che nascondono, nessuno potrebbe più esercitare il suo potere su di essi. Per questo le persone che, come te, entrano in contatto con la saggezza universale finiscono per credere di essere pazzi o di essere stati ingannati, perché escono dagli schemi comuni.

»È un bene che abbia portato nella tua parte cosciente qualcosa che facevi inconsapevolmente. Ora lo sai. Ti sei permesso di lasciarti il passato alle spalle e accogliere una nuova visione. Ora la tua missione è continuare la ricerca e aiutare altre persone come te, che desiderano compiere questo stesso viaggio e svegliarsi per vivere una vita piena, diventando la versione migliore di sé stessi. Ora sei pronto per vivere la tua nuova vita.

»Non devi negare il passato. Tutto ti è servito per arrivare dove ti trovi ora. Accetta tutta questa meravigliosa esperienza che hai vissuto e avanza senza paura. Sarai sempre connesso con me, con la tua parte superiore, saremo sempre in contatto. Tutto il tempo che vorrai.

—Ma, il tuo nome? Da dove viene? L'ho inventato?

—Molto semplice, sono le prime tre lettere del tuo cognome e del tuo nome. Mag-Dan.

—Perché non ci avevo pensato prima?

—Perché a volte, sebbene ci mettano davanti determinate cose, non le vediamo se non prestiamo loro attenzione. Sarebbe tutto diverso e molte tragedie smetterebbero di esistere se cominciassimo a vedere con i nostri occhi interiori per capire chi siamo e cosa siamo venuti a fare. Però non dimenticare che anche i drammi devono essere vissuti, perché senza di essi non potremmo fare lo sforzo di lasciarci tutto alle spalle per crescere. Dobbiamo continuare a ricordarli.

—Quindi è tutto un gioco. Siamo venuti qui per giocare?

—Esattamente. La vita è un gioco. Gioca, Dani!

—Lo farò! Che grande lezione, Magdan. Grazie mille. Posso abbracciarti?

—Certo.

Mi persi nel calore di quell'abbraccio senza tempo e mi svegliai da solo sulla spiaggia con i primi raggi dell'alba. Mi sedetti e cominciai a respirare profondamente. Con ogni inspirazione percepivo il mio corpo, le mani e il petto in modo diverso. Ero consapevole che il Dani del passato aveva ceduto il passo a Magdan, per sempre.

Ascolta la canzone *I live my dream*
su https://www.danidimaggio.com/viaggio-interiore/

I live my dream

I live my dream
I live the dream I always dreamt for all of my life
I believed in that dream
It's like a fantastic journey
And I put all of my thoughts
All of my feelings
All of my emotions
All of my actions

I prayed for that
I sacrificed for that
I never stopped dreaming
And Now
My dream

I overcome everything
all of my pains
All of my sufference
All of my fears
All of my obstacles
To be stronger
To be tougher
To be present
To be myself
My dream is made up of Love, Peace, Consciousness, Community, Friendship,

I let love shine
I let peace shine

I never stop dreaming
And Now
My Dream

Io vivo il mio sogno

Io vivo il mio sogno
Vivo il sogno che ho avuto per tutta la vita.
Ho creduto in quel sogno.
È come un viaggio fantastico.
Ci metto tutti i miei pensieri.
Tutti i miei sentimenti.
Tutte le mie emozioni.
Tutte le mie azioni.

Ho pregato per questo.
Mi sono sacrificato per questo.
Non ho mai smesso di sognare.
E ora.
Il mio sogno.

Io supero tutto.
Tutti i miei dolori.
Tutta la mia sofferenza.
Tutte le mie paure.
Tutti i miei ostacoli.
Per Essere più forte.
Per Essere più resistente.
Per Essere presente.
Per essere Me stesso.
Il mio sogno è fatto di Amore, Pace, Consapevolezza, Comunità, Amicizia.

Lascio che l'amore splenda.
Lascio che la pace splenda.

Non smetto mai di sognare.
E ora.
Il mio sogno.

«Ci sono infiniti universi paralleli dove esistono tutte le possibilità. Si chiamano realtà parallele ed è possibile saltare dall'una all'altra grazie al salto quantico. Quindi, non devi creare la tua nuova realtà, perché già esiste, devi solo fare il salto. Come? Essendo quella nuova possibilità».

Magdan

Il mistero svelato

Questo libro per me rappresenta la pietra basale di tutto il mio lavoro. Sono consapevole di essere un canale, e che tutto ciò che ho dentro appartiene a una conoscenza universale, ed è importante che la gente cominci a prendere consapevolezza che c'è un altro modo di vivere la vita.

Mi rendo conto che molti di questi argomenti infrangono i dogmi e gli schemi di tutta una vita. La stessa cosa è successa a me, nato in una terra permeata da paradigmi e credenze limitanti. Oggi posso dire di vivere appieno e che la mia missione è condividere la mia vita con il mondo.

Questa storia è ispirata a un incontro reale che ebbi a San Sebastián il 1° novembre del 2012. Non fu un uomo egiziano ad avvicinarsi a me quando credetti che mi avessero rubato la macchina, ma una donna, Begoña, che da quel giorno è divenuta una guida e che continua ad accompagnarmi in questo fantastico viaggio che è la vita e al quale ho voluto dedicare questo libro.

Ricordo ancora quel giorno come se fosse ieri. Mi sentii davvero perduto quando vidi che la mia macchina non c'era più, e in quel momento un'automobile si fermò e Begoña mi invitò a salire per accompagnarmi al deposito dei veicoli. Io non ci capivo niente... Più tardi mi raccontò che quel giorno stava andando a prendere un'amica e che quando mi vide volle aiutarmi. Mi disse che, nel profondo del suo cuore, sapeva che dovevamo conoscerci e che mi stava aspettando da anni. L'ho fatta aspettare, ma alla fine ci siamo incontrati. La vita è strana, e ci riserva sorprese incredibili.

L'idea di inserire il personaggio di Magdan al suo posto è nata perché, sebbene parlassi sempre di lei con i miei amici, non si sono mai incontrati, e persino la mia amica Neke, scherzando, sollevava dubbi se esistesse davvero o se fosse solo il frutto della mia immaginazione. Nacque così l'idea di questo personaggio immaginario ispirato alla mia amica Begoña e al mio Io superiore, che rappresenta la mia connessione con la conoscenza universale e quella voce interna che ci guida e ci spinge verso la realizzazione di una vita piena. Ho imparato molto in questi anni con lei e ringrazio tutti i giorni di averla incontrata.

La realtà di tutta questa storia è che, dopo anni passati a lavorare a San Sebastián in un'azienda vinicola di livello internazionale, il mio Essere mi chiese di compiere la mia missione: aiutare gli altri a risvegliarsi, come stavo facendo io. Per questo decisi di dedicarmi al coaching. Da allora, ho creato una nuova metodologia di coaching che ho chiamato integrato, ispirato ai sette chakra e che, come hai letto in questo libro, esplora tutti i passi per ottenere un equilibrio fisico, mentale, emotivo e spirituale.

Tutto questo viaggio interiore di cui hai letto, puoi compierlo anche tu. Infatti, questo libro è basato sul processo che uso nei miei corsi con richiesta di partecipazione fisica. Sono i principi del mio metodo, ma ti assicuro che, se il tuo viaggio attraverso queste pagine è stato intenso, viverlo e condividerlo in un ambiente energetico speciale con musica, balli, e canti è un'esperienza unica che farà sì che le tue cellule si permeino di quell'energia e il tuo corpo si ricarichi di una nuova forza che potrai rivivere più e più volte con la tua mente e le tue emozioni.

TERZA PARTE · IL VIAGGIO DI TRASFORMAZIONE

La mia vera missione nella vita è aiutarti a risvegliarti e a far sì che intraprenda il tuo proprio viaggio interiore di trasformazione, quindi ti invito a scrivermi a info@danidimaggio.com se desideri condividere con me le tue impressioni su questo libro o se vuoi saperne di più sul mio progetto e sulle esperienze che posso portarti. Mi renderebbe molto felice ricevere un tuo messaggio.

Grazie, grazie, grazie.

Magdan

www.ingramcontent.com/pod-product-compliance
Lightning Source LLC
Chambersburg PA
CBHW032252150426
43195CB00008BA/420